거꾸로 돌아가는 풍차

먹방 요정 판다

★★★★

67p

이상한 나라의 부엉이

내 마음을 받아줘요 수선화

움직이는 비밀 왕국

푸른 어항의 전설

한 판 더요 피자

응답하라! 우리 동네 골목대장

★ '움직이는 비밀 왕국' 입체 만들기

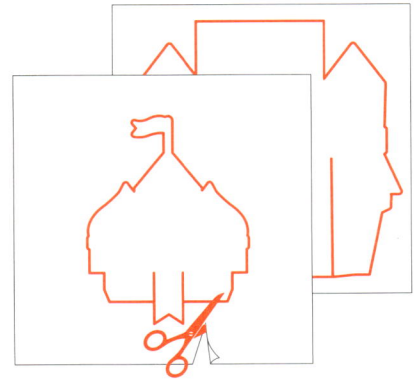

가면 뒷면에 '자르기' 선을 따라
가위로 오립니다.

가면 뒷면에 '자르기' 선으로 표시된
'눈', '입' 부분을 제도용 칼을 이용해
뚫어줍니다.

가면에 표시된 '안쪽접기', '바깥쪽접기'
선을 따라 접어줍니다.

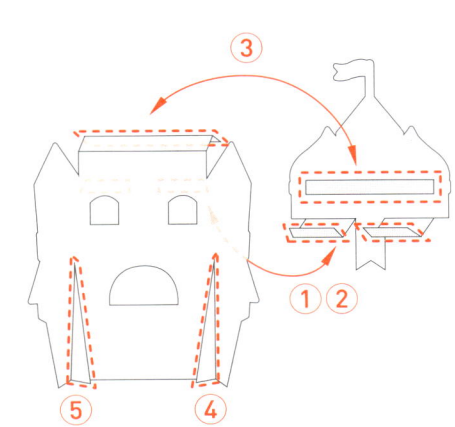

가면 앞면과 뒷면에 표시된
①, ②, ③… 순서를 따라 '풀칠' 면에
풀칠을 하고 같은 숫자끼리 맞붙여줍니다.

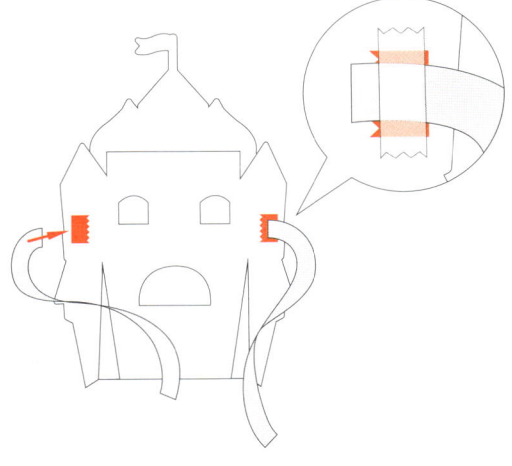

리본을 30cm 길이로 2개 자르고,
가면 뒷면에 표시된 곳에 테이프로 붙여줍니다.

※ 가면마다 난이도가 표시되어 있습니다. 가장 쉬운 '별 1개★' 가면부터 차례대로 시작해보세요.
가장 어려운 '별 5개★★★★★' 가면을 만들 수 있다면 당신은 진정한 '가면 디자이너'!

실전! 입체 가면 따라 만들기

★ '만능 작곡가 통통 기타' 입체 만들기

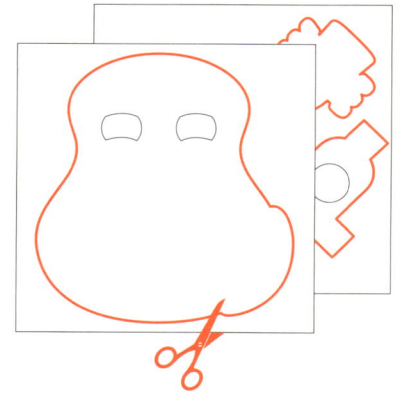

가면 뒷면에 '자르기' 선을 따라
가위로 오립니다.

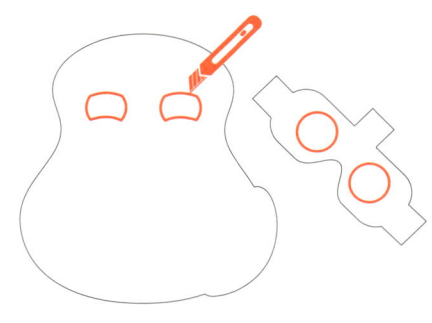

가면 뒷면에 '자르기' 선으로 표시된
'눈', '입' 부분을 제도용 칼을 이용해 뚫어줍니다.

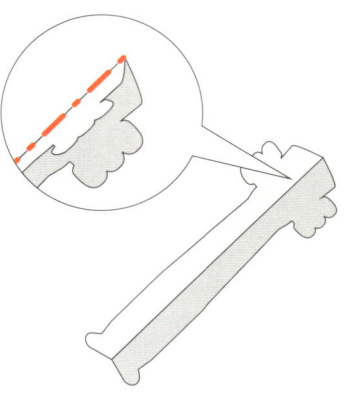

가면에 표시된 '안쪽접기', '바깥쪽접기'
선을 따라 접어줍니다.

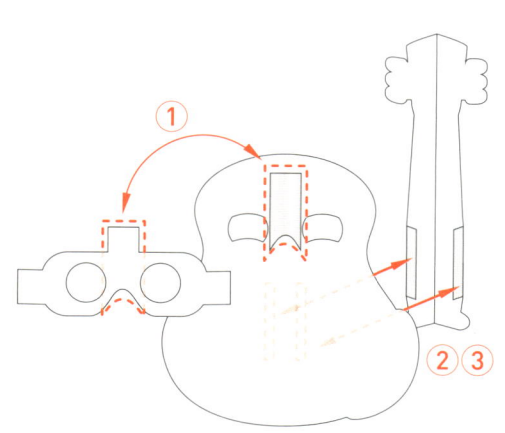

가면 앞면과 뒷면에 표시된 ①, ②, ③…
순서를 따라 '풀칠' 면에 풀칠을 하고
같은 숫자끼리 맞붙여줍니다.

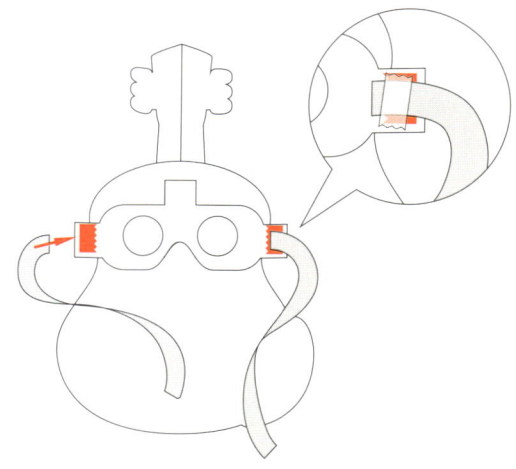

리본을 30cm 길이로 2개 자르고,
가면 뒷면에 표시된 곳에 테이프로 붙여줍니다.

준비물 색연필(또는 크레파스), 가위, 제도용 칼,
풀, 접착용 테이프, 리본

———————————————— 색칠하기(일반선)

———————————————— 자르기

— — — — — — — — 안쪽접기

· — · — · — · — · — · — 바깥쪽접기

풀칠 면   리본 붙이는 면

★ 컬러링

가면 앞면의 그림에 색연필, 크레파스 등을 이용해 자유롭게 색칠합니다.

주의! 물감으로 칠하면 종이가 찢어질 수 있습니다.

★ 입체 만들기

❶ 자르기

– 가면 뒷면에 '자르기' 선을 따라 가위로 오립니다.

– 가면의 '눈', '입' 부분은 제도용 칼을 이용해 구멍을 내줍니다.

주의! 어린이가 제도용 칼을 이용하면 다칠 수 있으니 반드시 어른(부모님)께 도움을 요청합니다.

❷ 접기

– 가면에 표시된 '안쪽접기', '바깥쪽접기' 선을 따라 접어줍니다.

❸ 풀칠하기

– 가면 앞면과 뒷면에 표시된 ①, ②, ③… 순서를 따라 '풀칠' 면에 풀칠을 하고 같은 숫자끼리 맞붙여줍니다.

(풀칠이 어려울 때에는 가면 뒷면에 테이프를 붙여 고정시킬 수 있습니다.)

❹ 줄 달기

– 리본을 30cm 길이로 2개 자르고, 가면 뒷면에 표시된 곳에 테이프로 붙여줍니다.

황재근 가면북

황재근 지음
팝업아트 김수현

청림출판

번개 맞은 파인애플

아이 엠 케이팝스타

불꽃 눈빛 카이사르

내가 바로 얼짱 독수리

바다의 살찐 왕자 펭귄

파티의 전설 크림케이크

허당 매력 허수아비

울다가 웃으면 피에로

공중부양 날아라 로켓

뾰로롱 뿅뿅 착한 마법사

블링블링 낭만 고양이

눈 오는 날 주차 금지

진짜 카카오 초코파이

콧김에 손 델라 아기 공룡

날개 달린 붕붕카

만능 작곡가 통통 기타

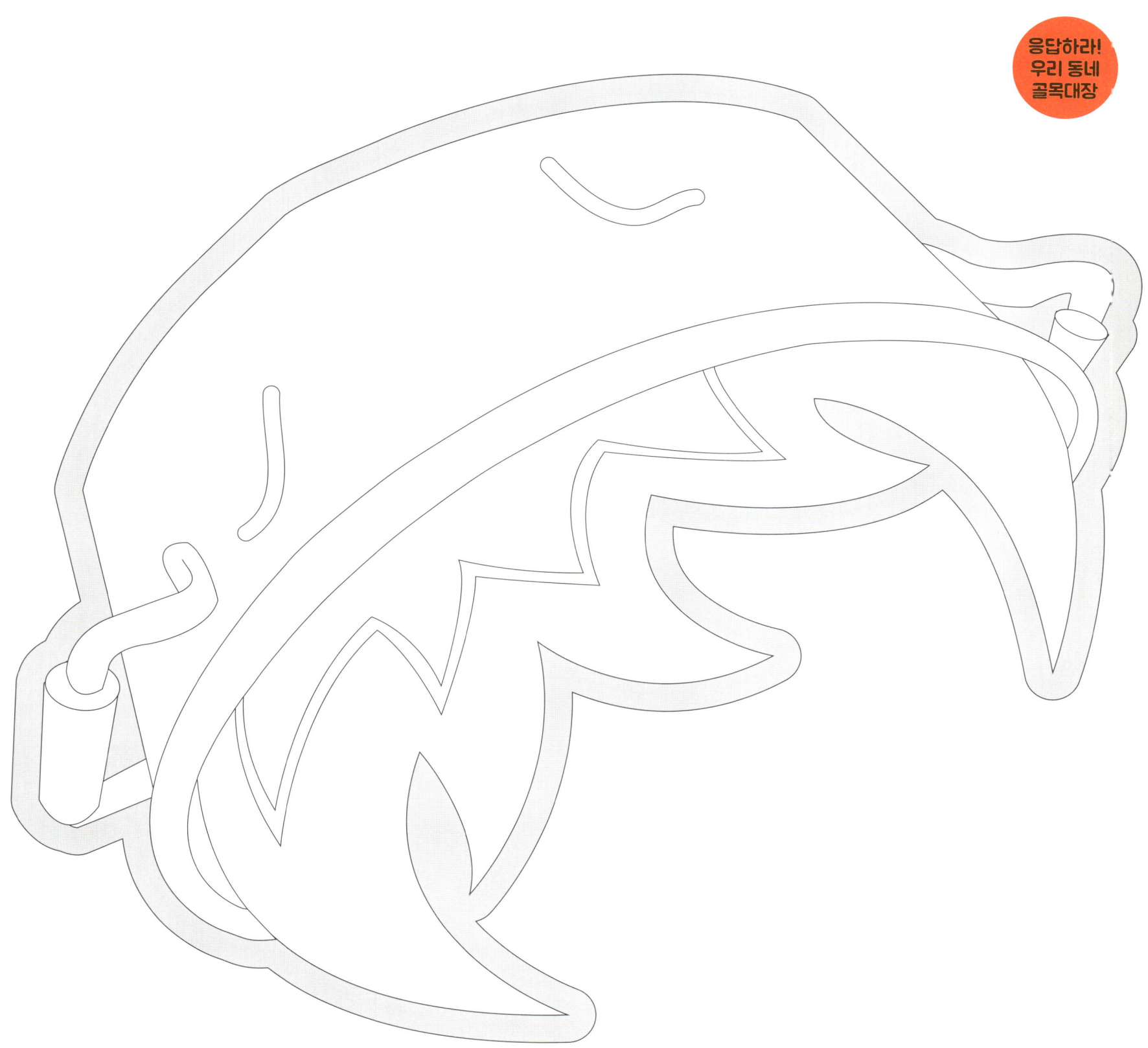

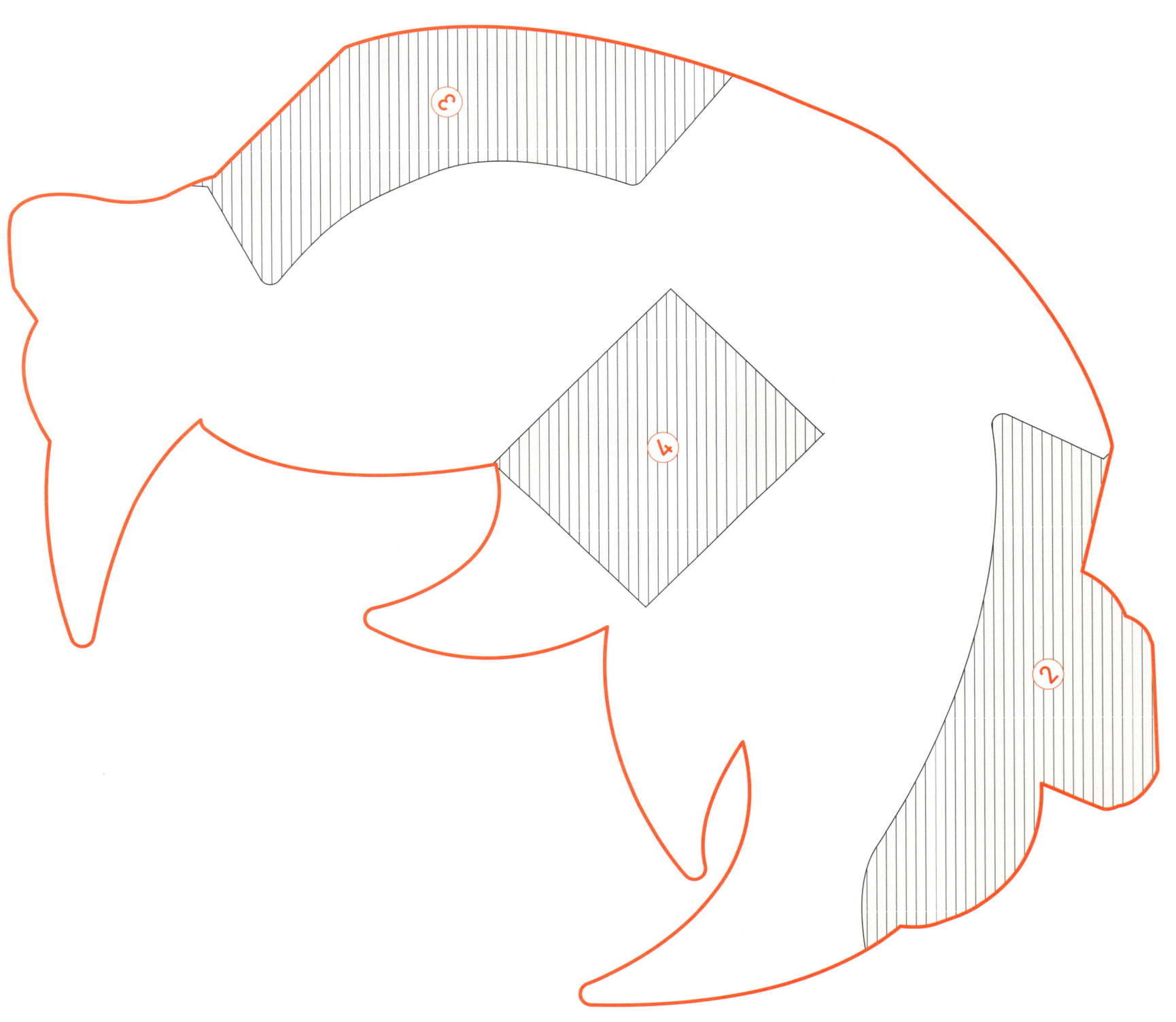

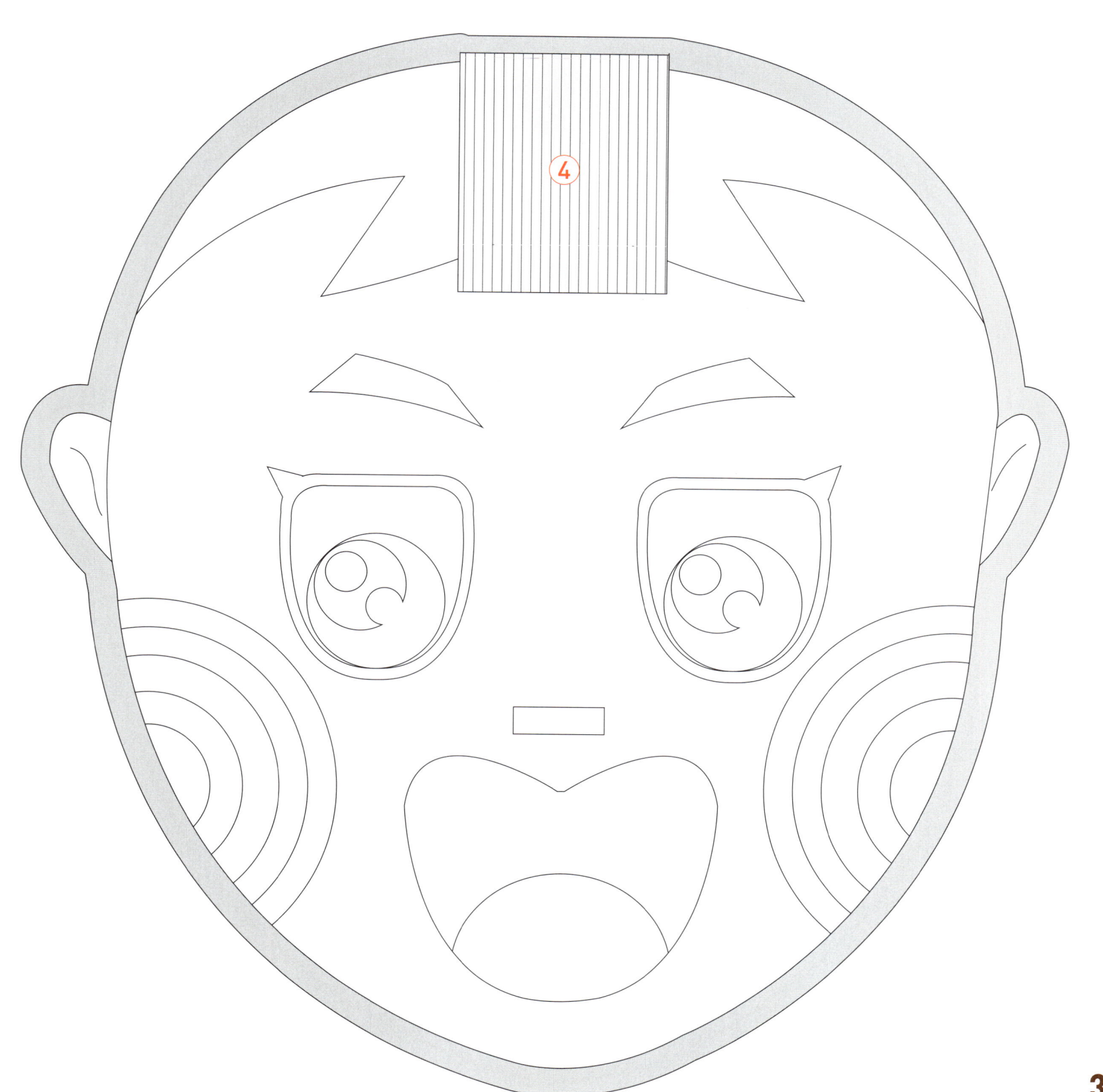

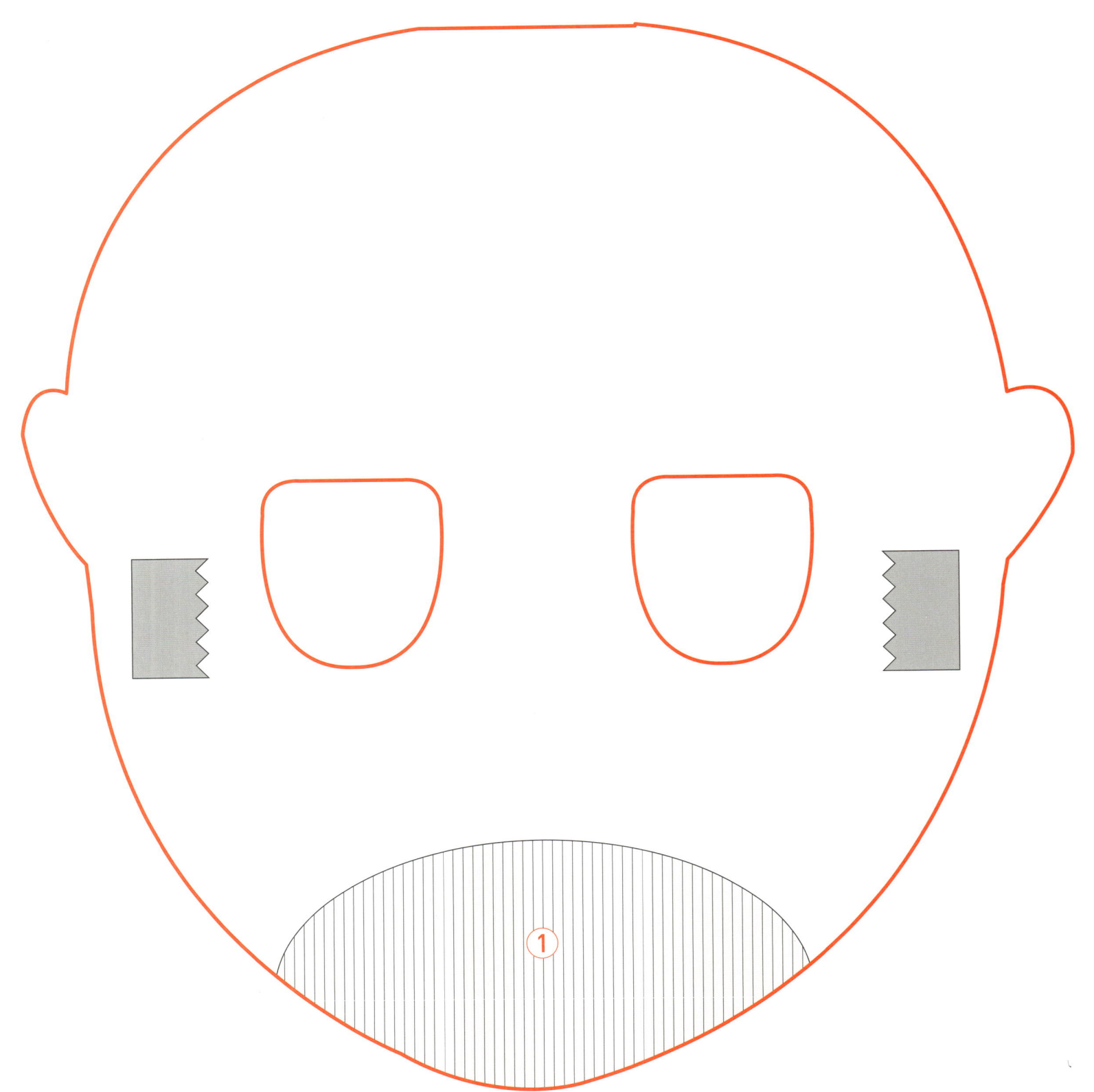

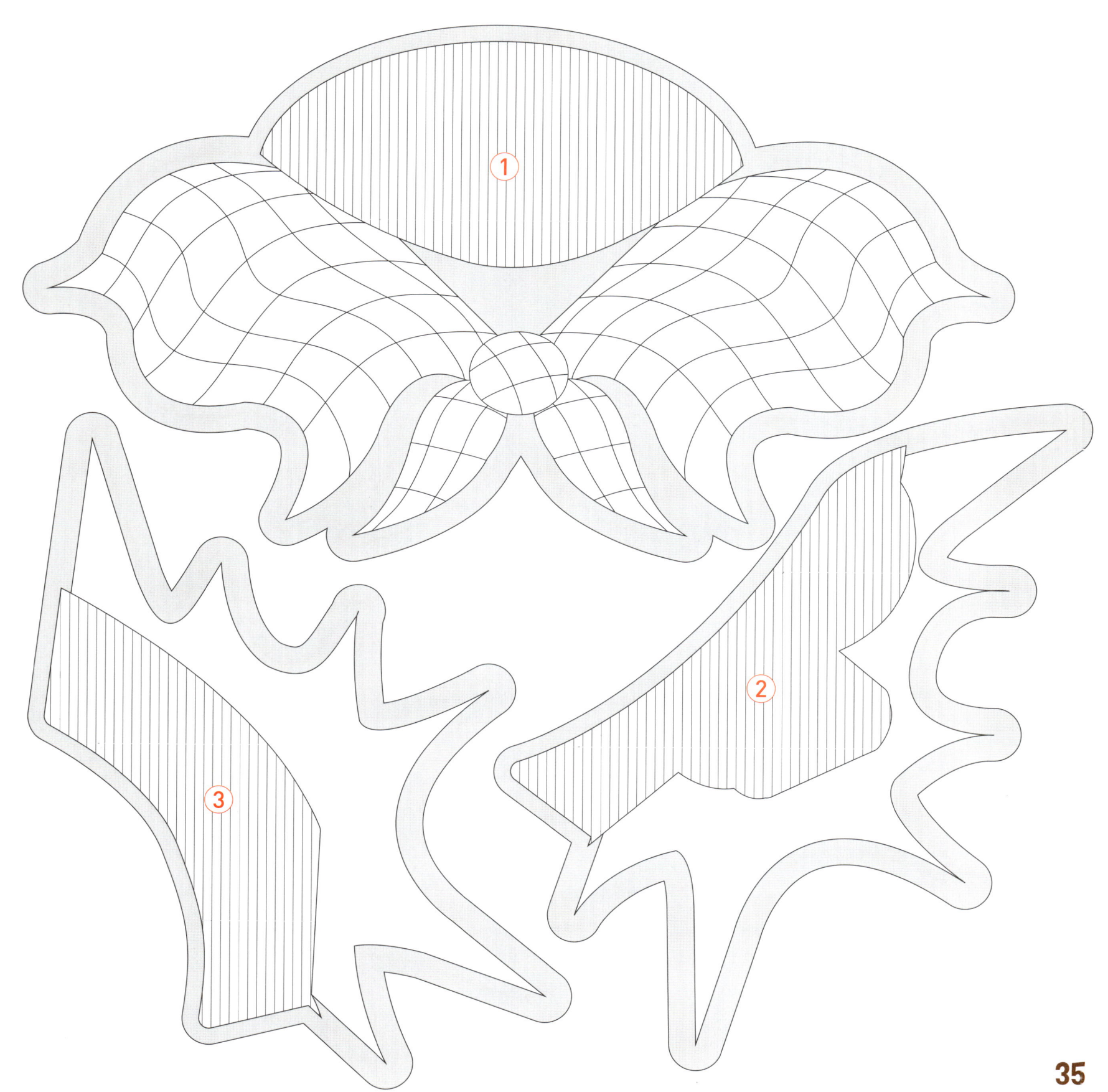

36

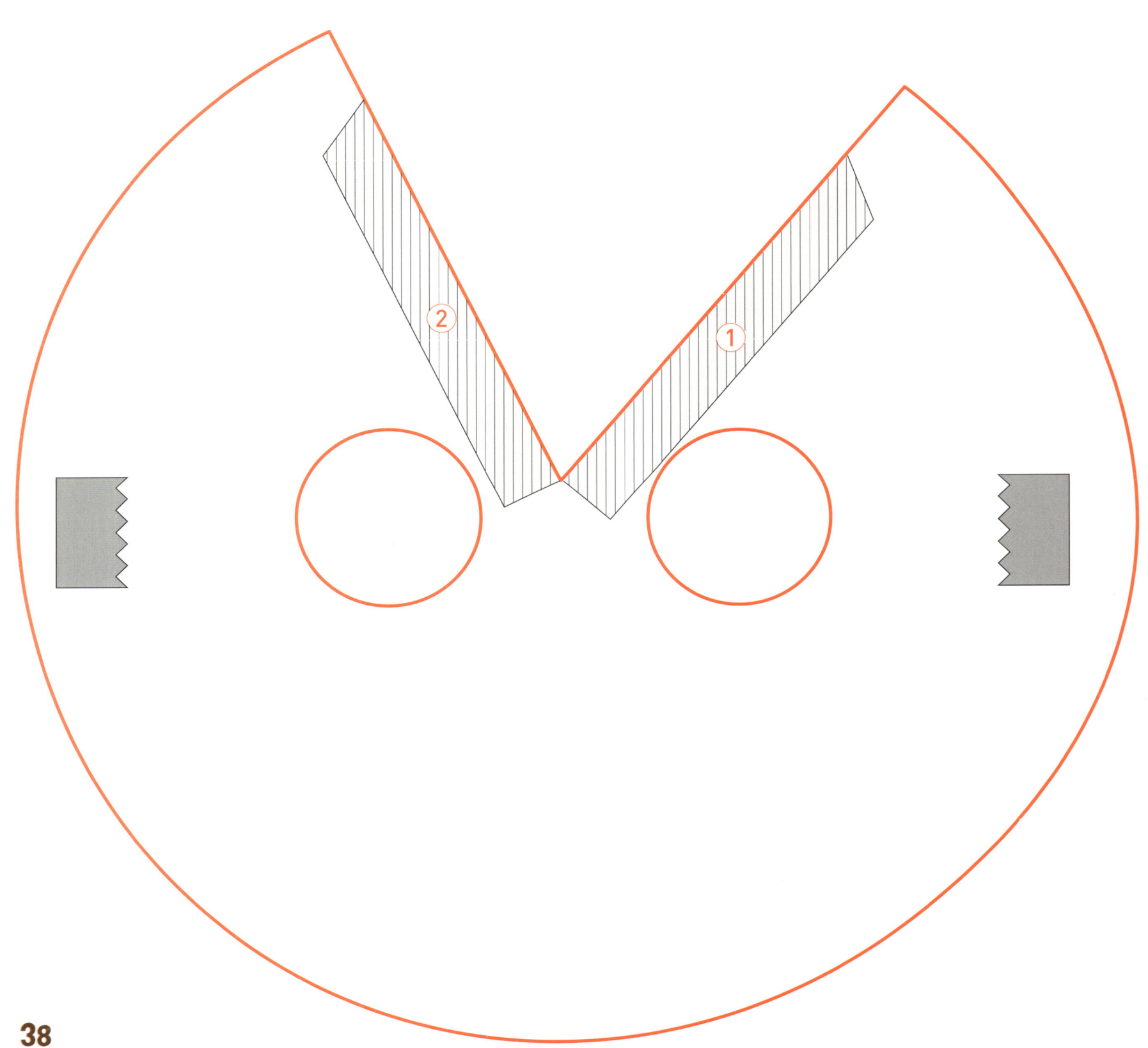

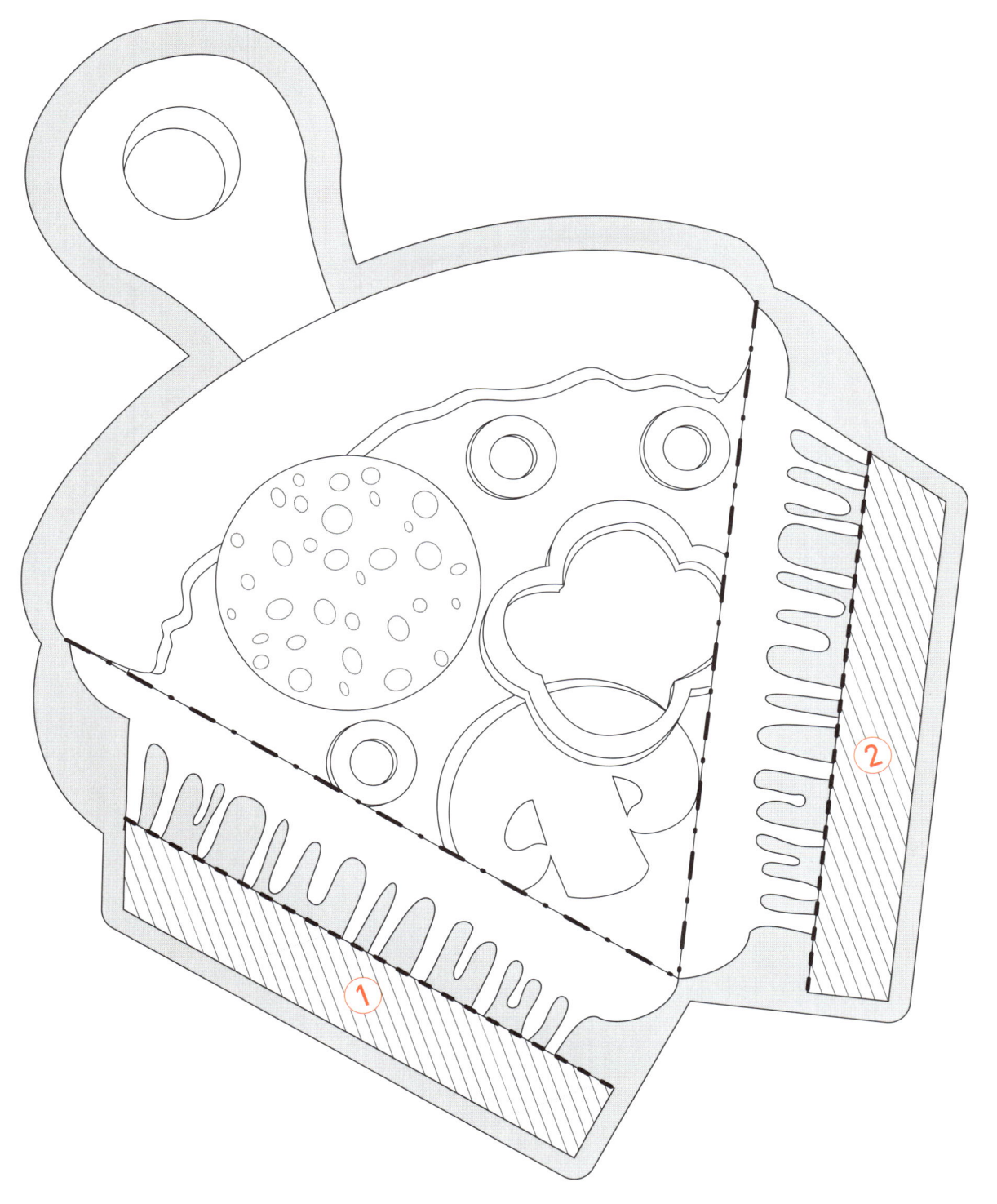

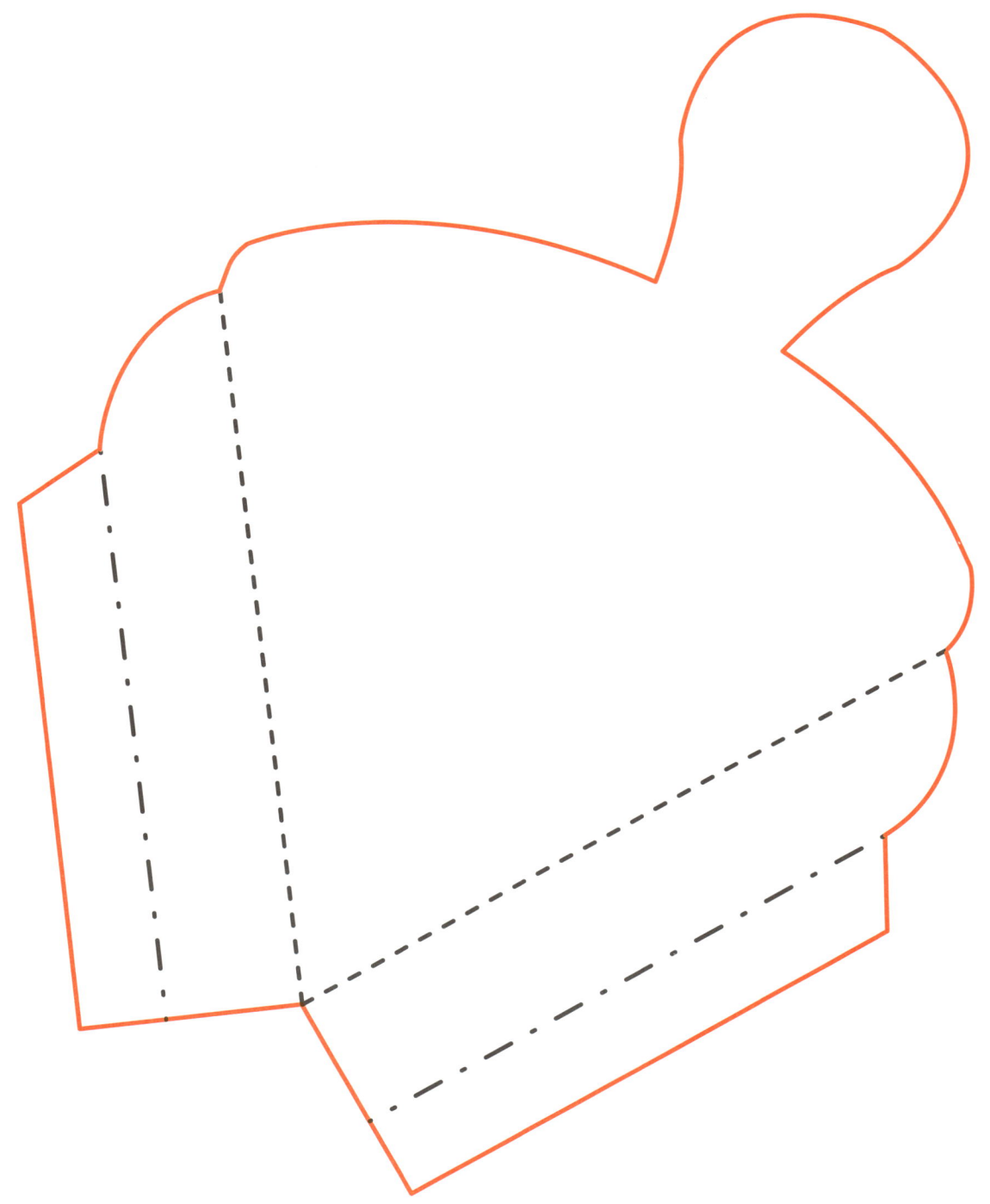

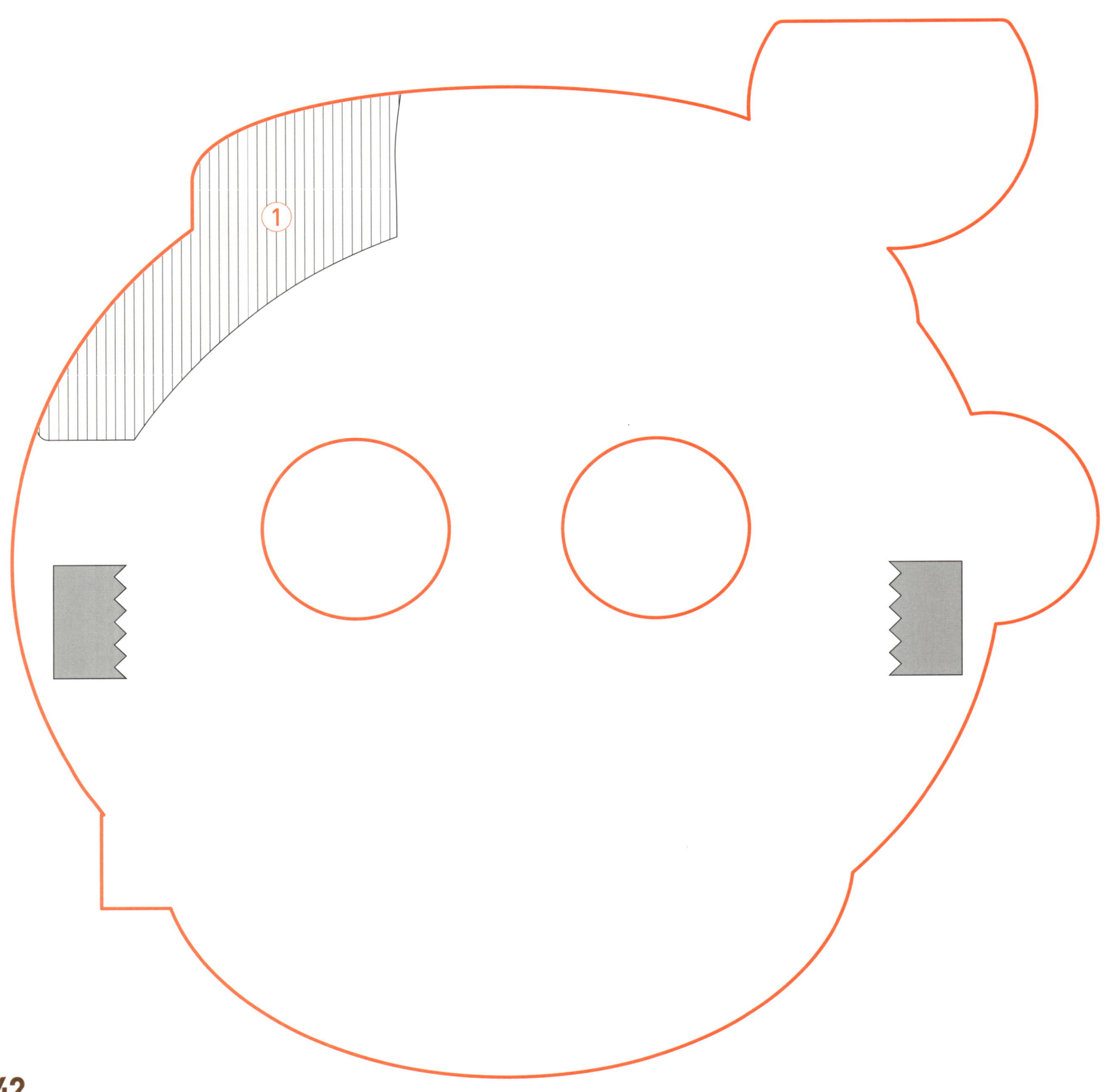

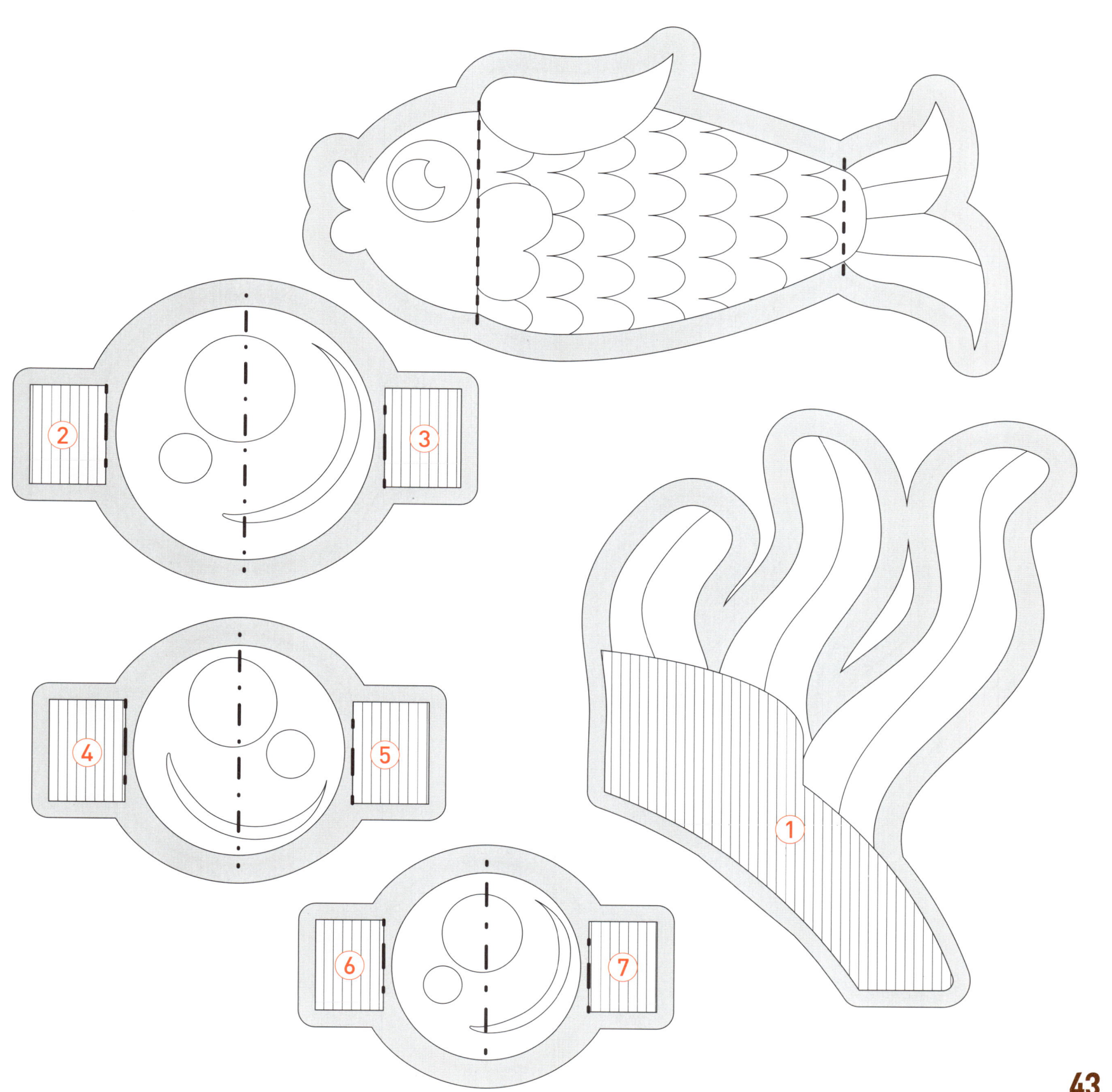

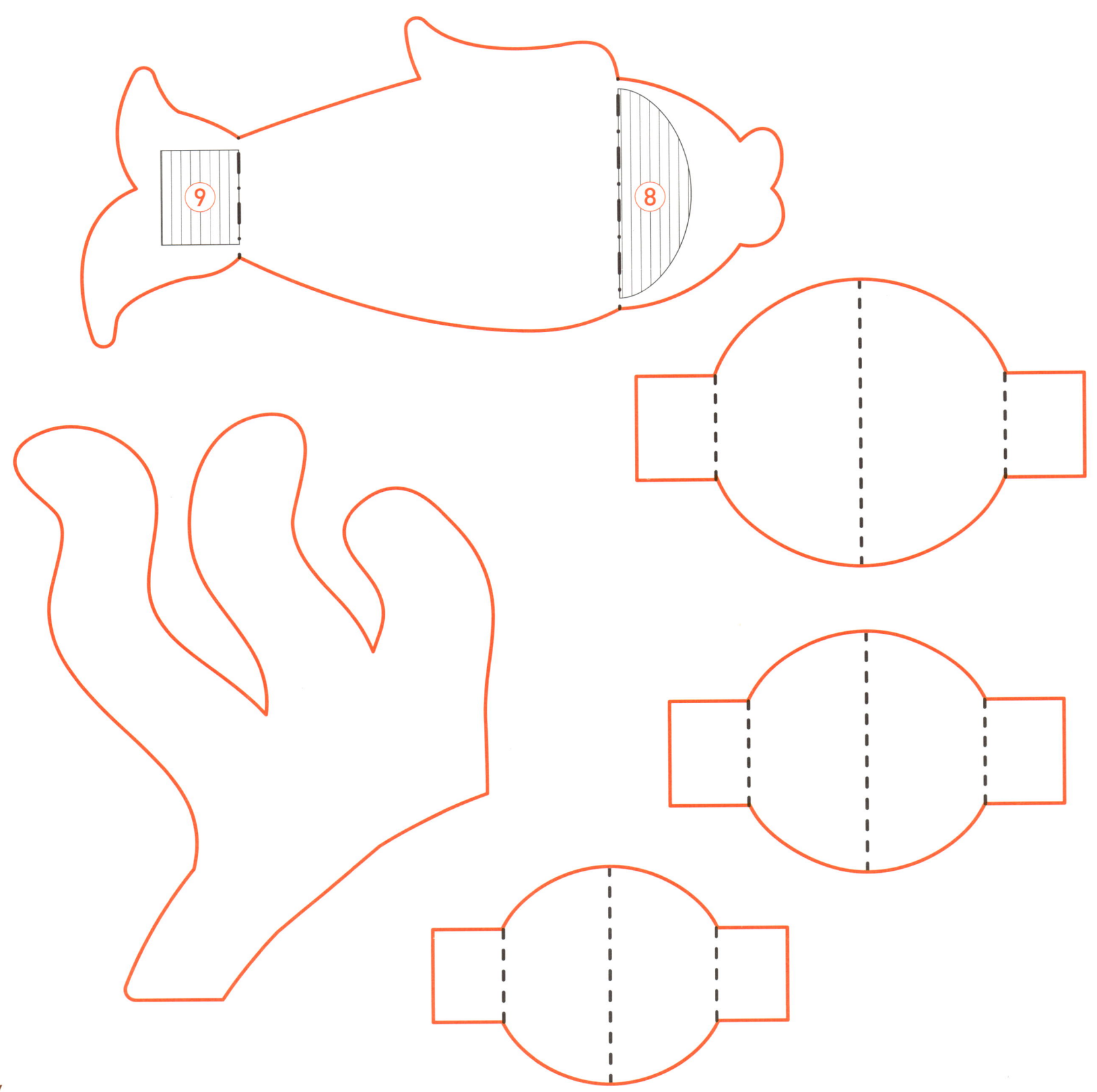

움직이는
비밀 왕국

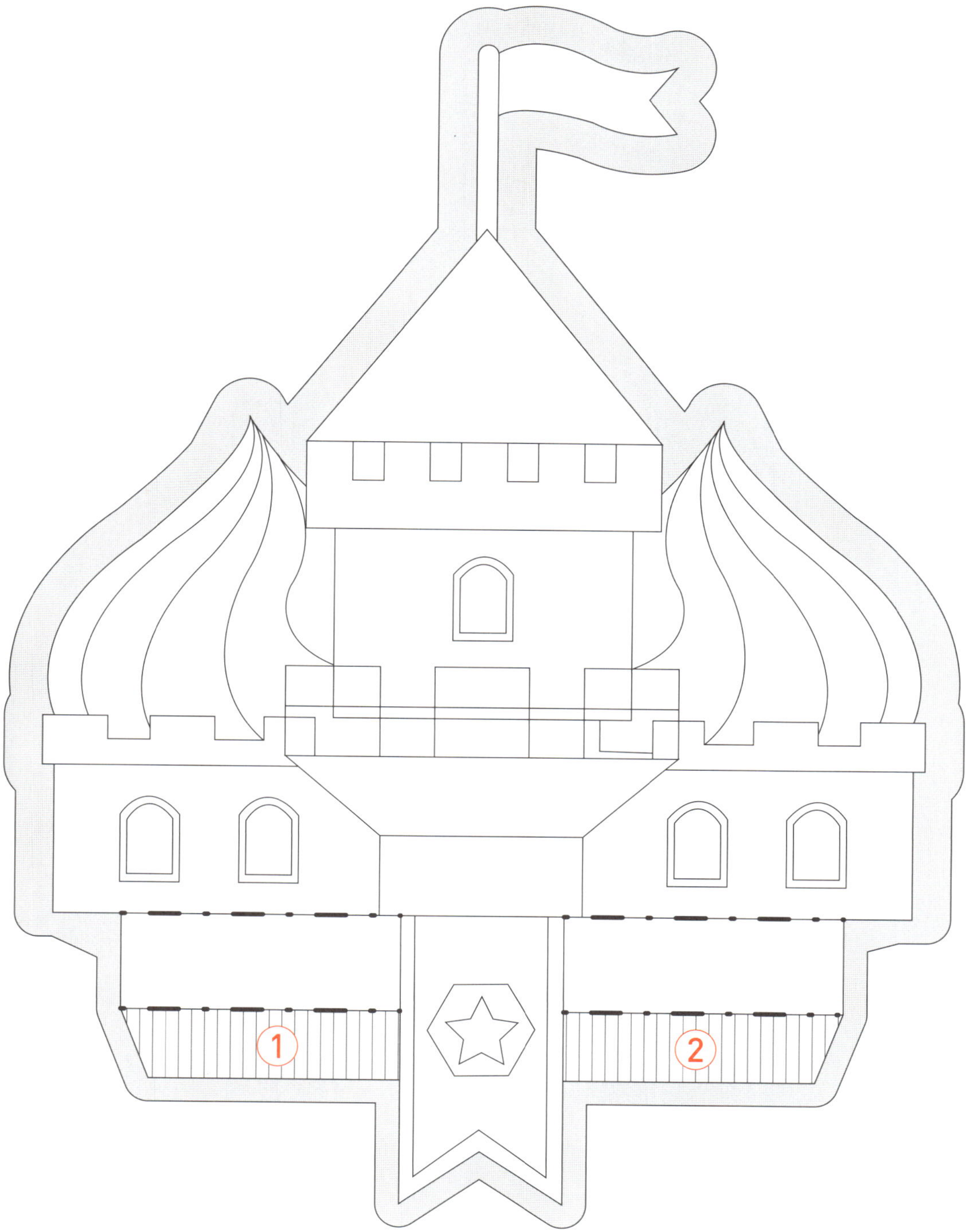

①

②

45

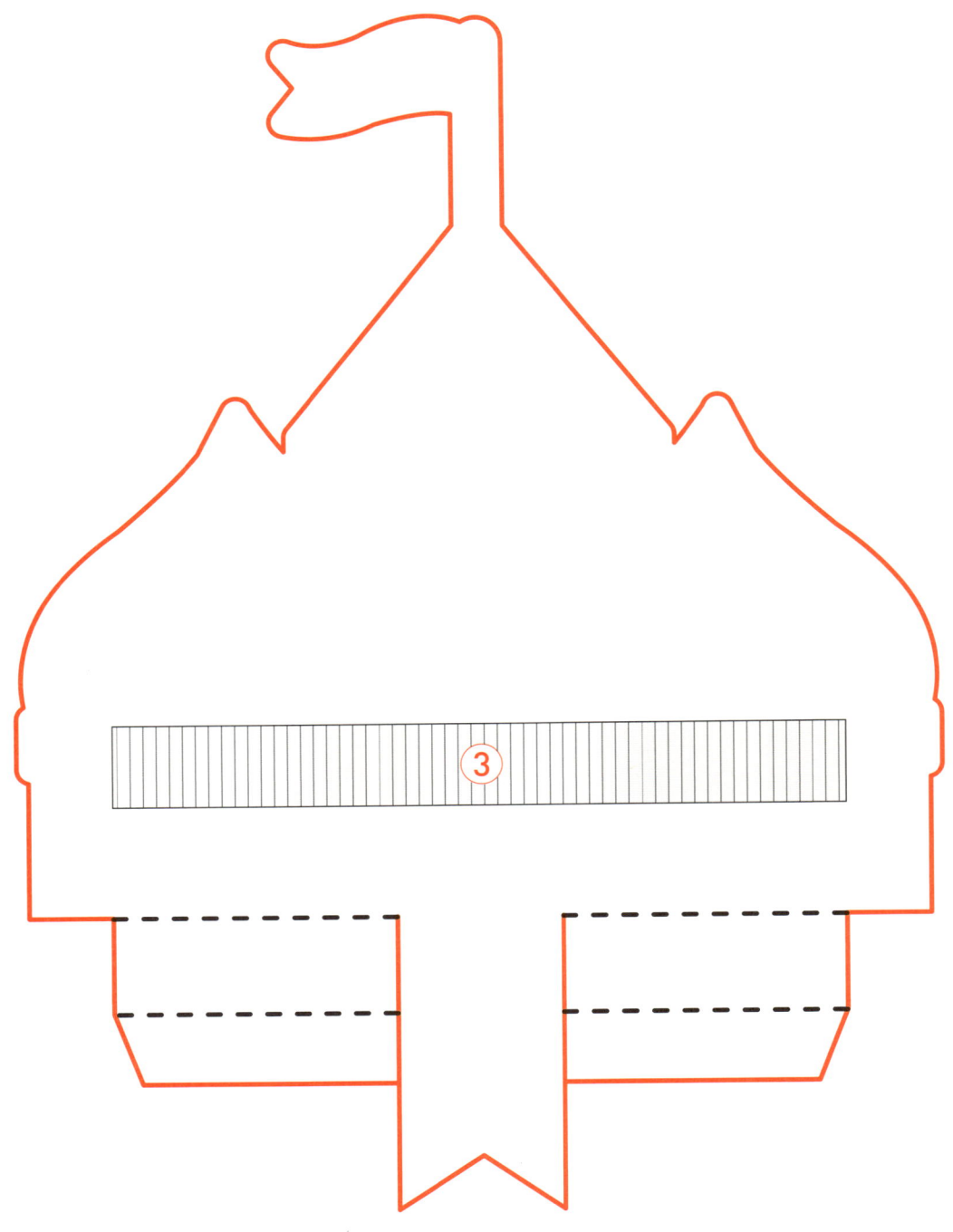

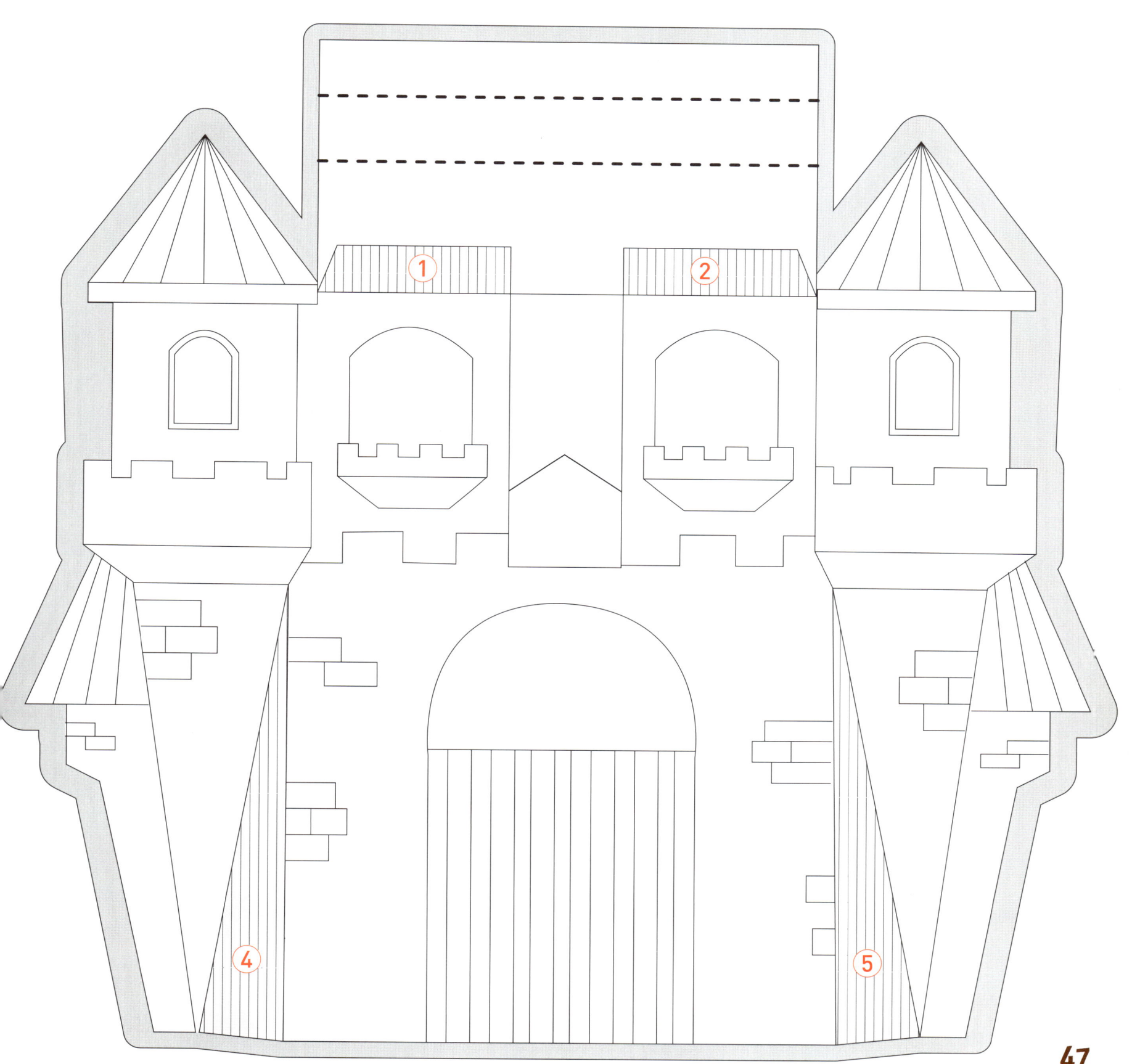

47

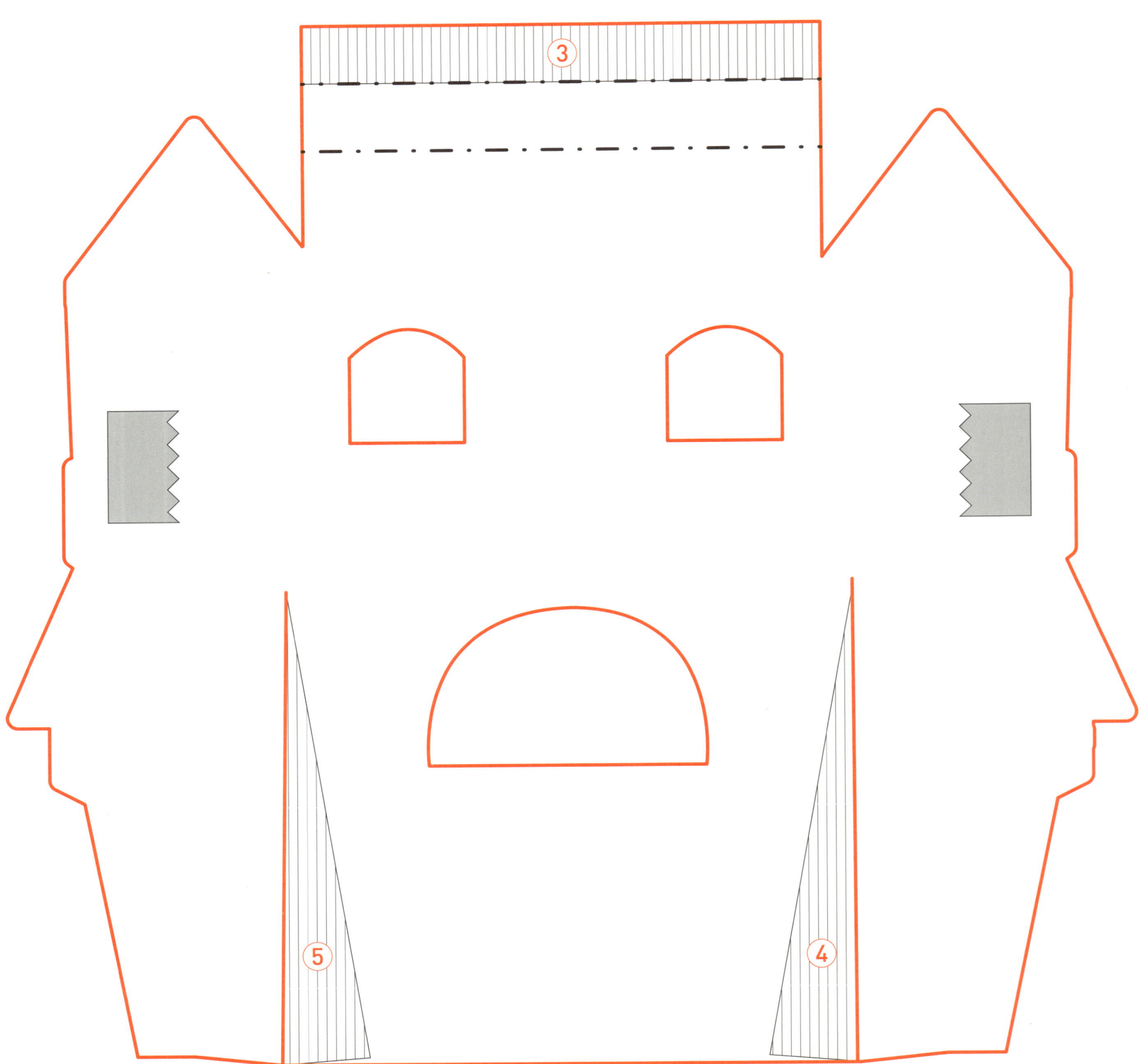

내 마음을
받아줘요
수선화

49

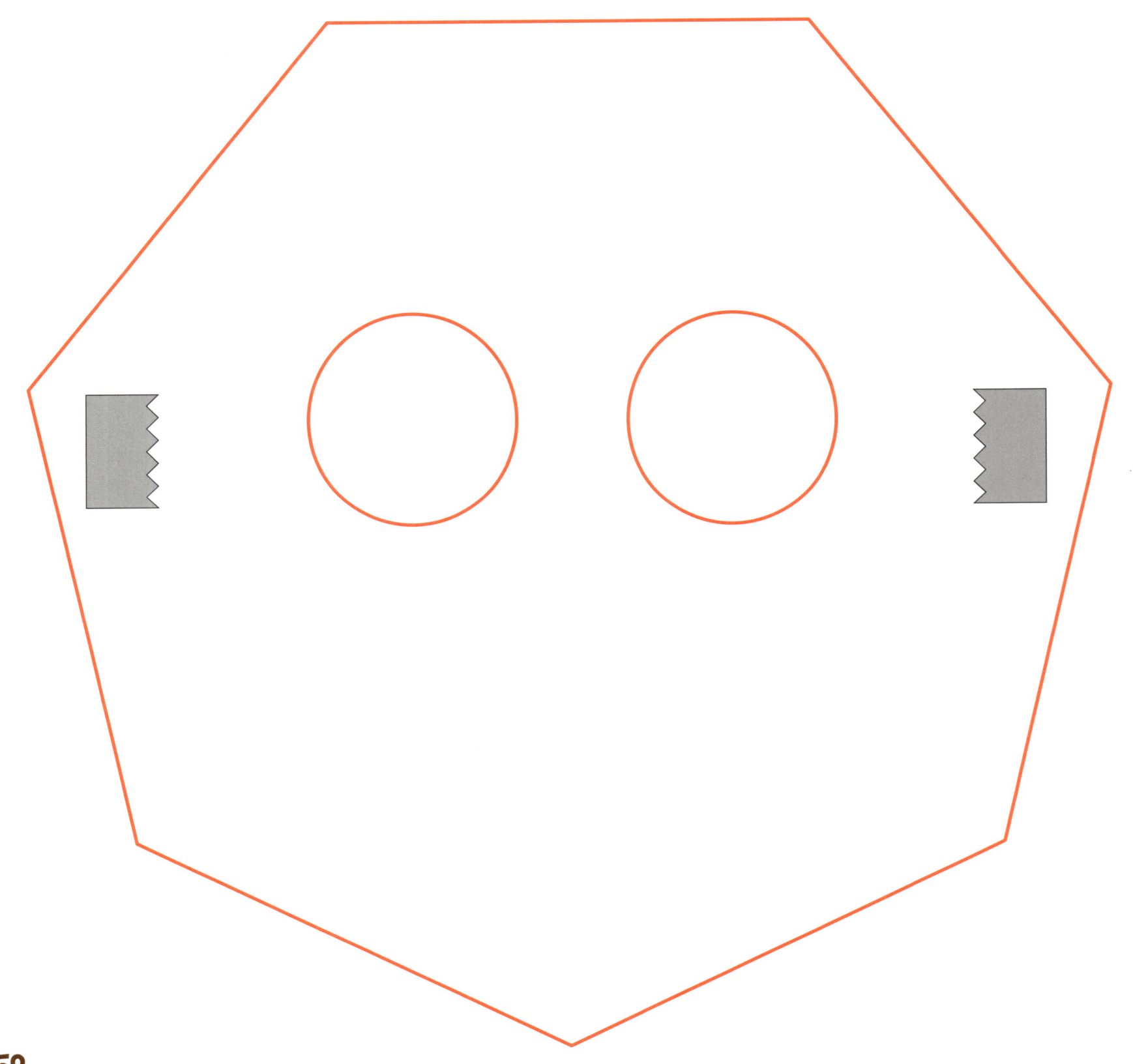

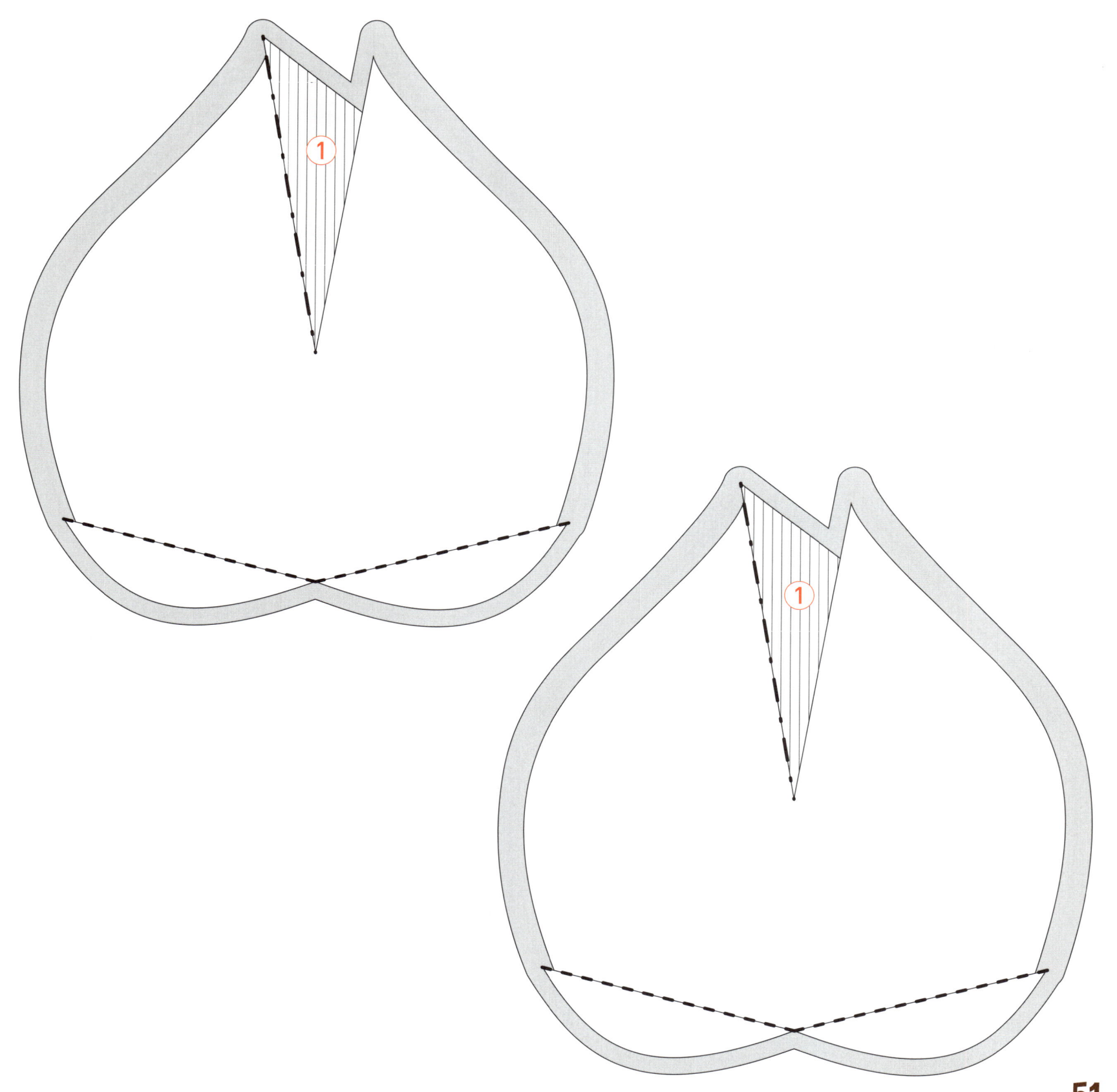

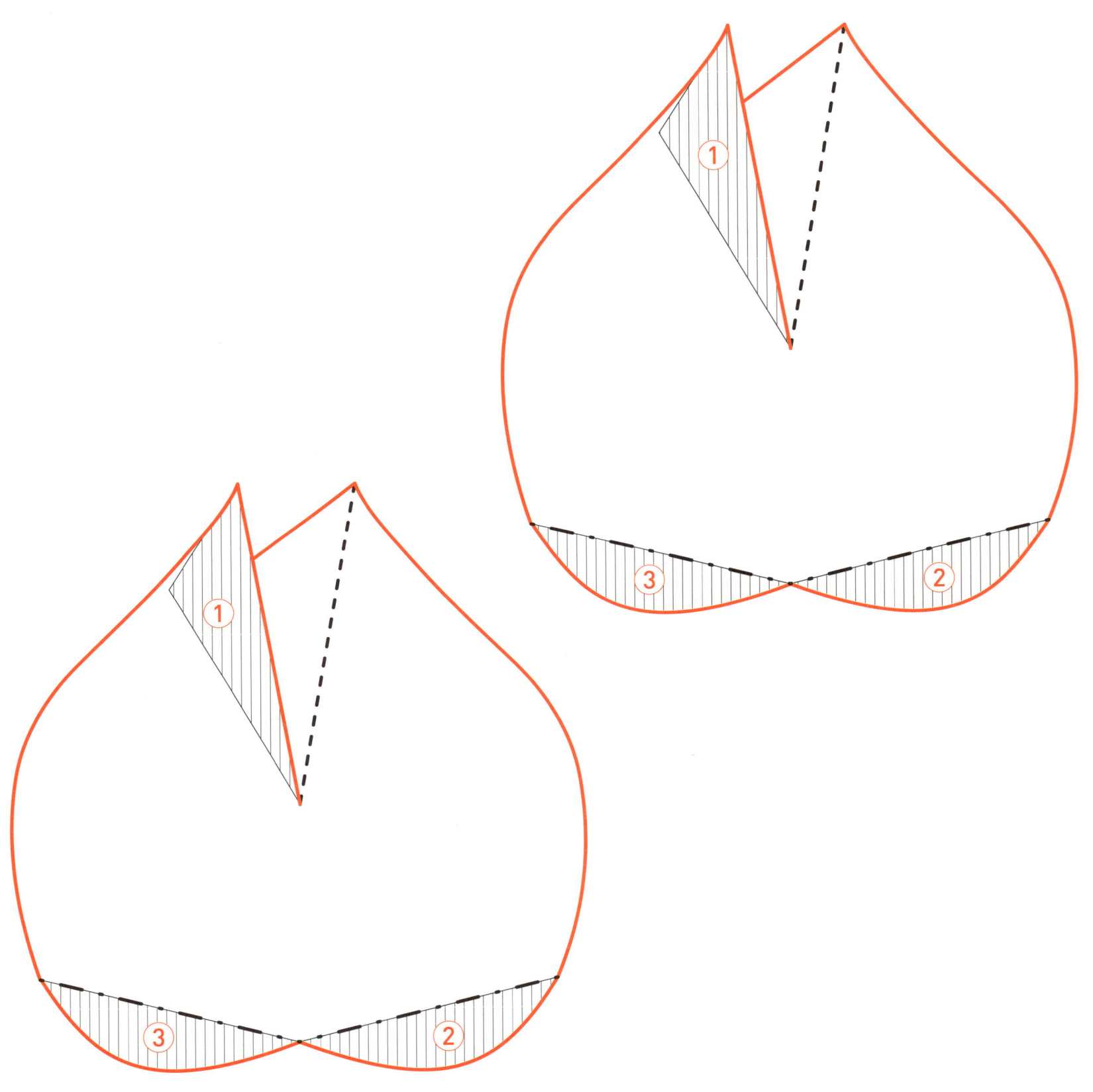

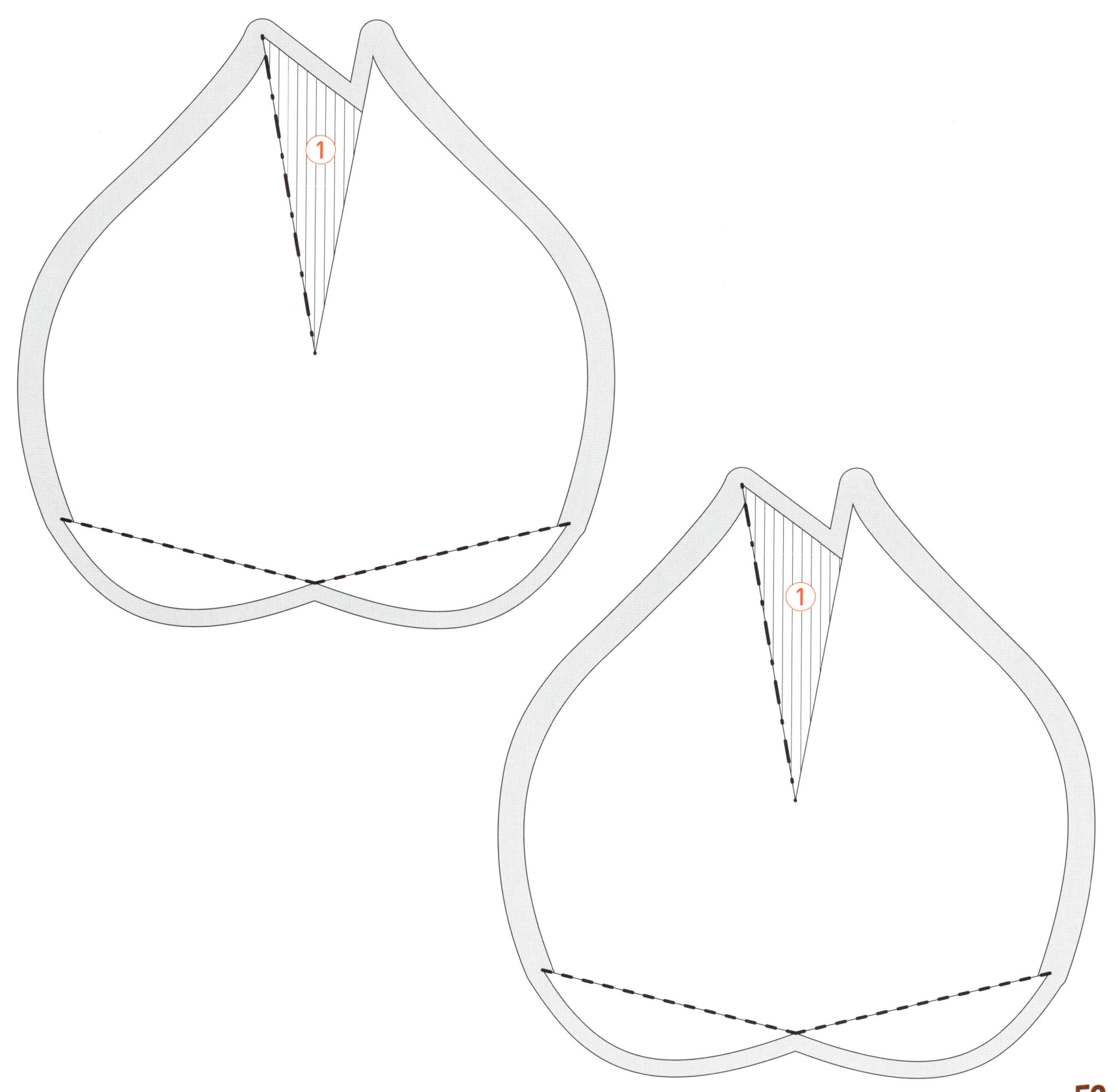

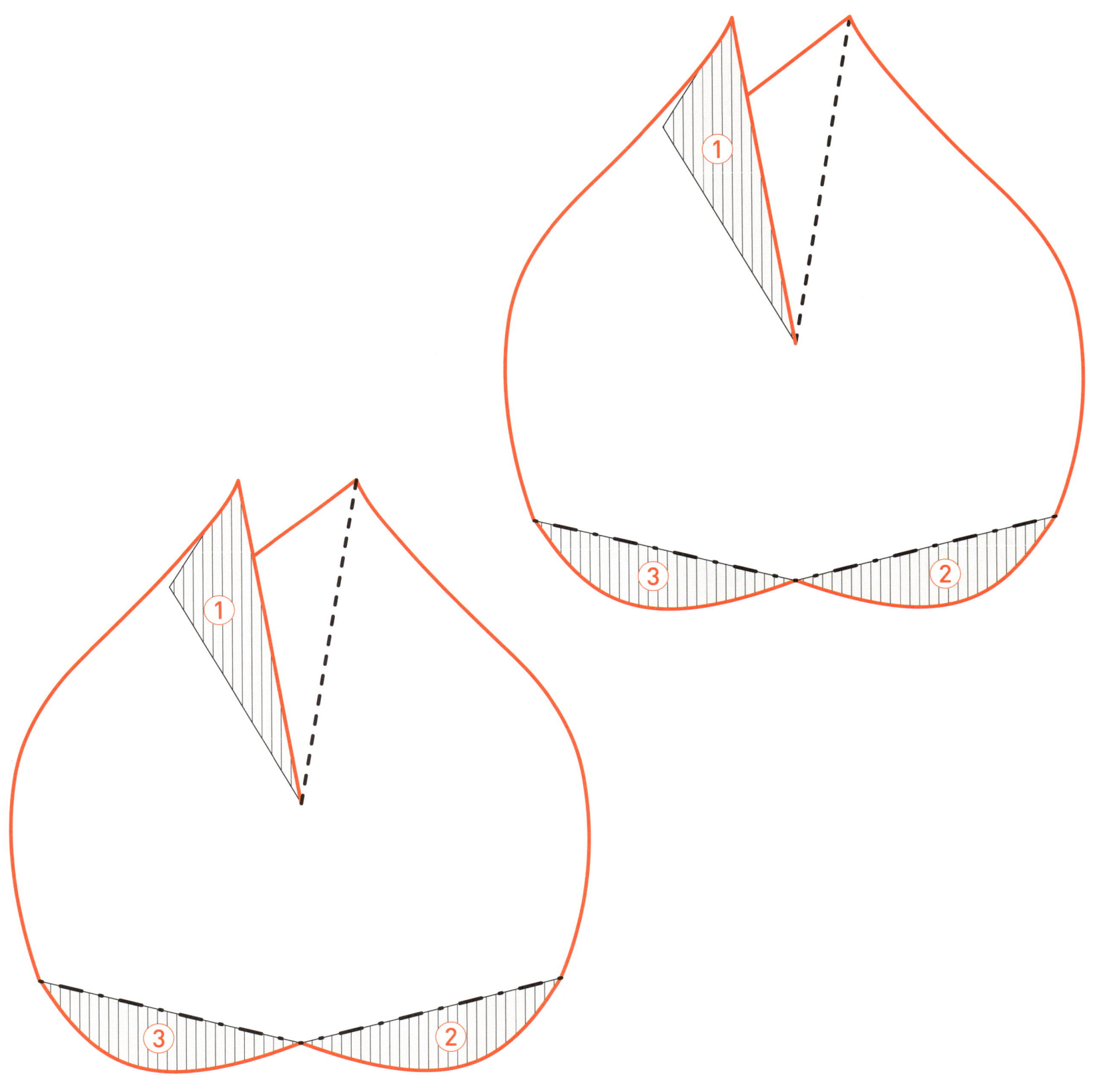

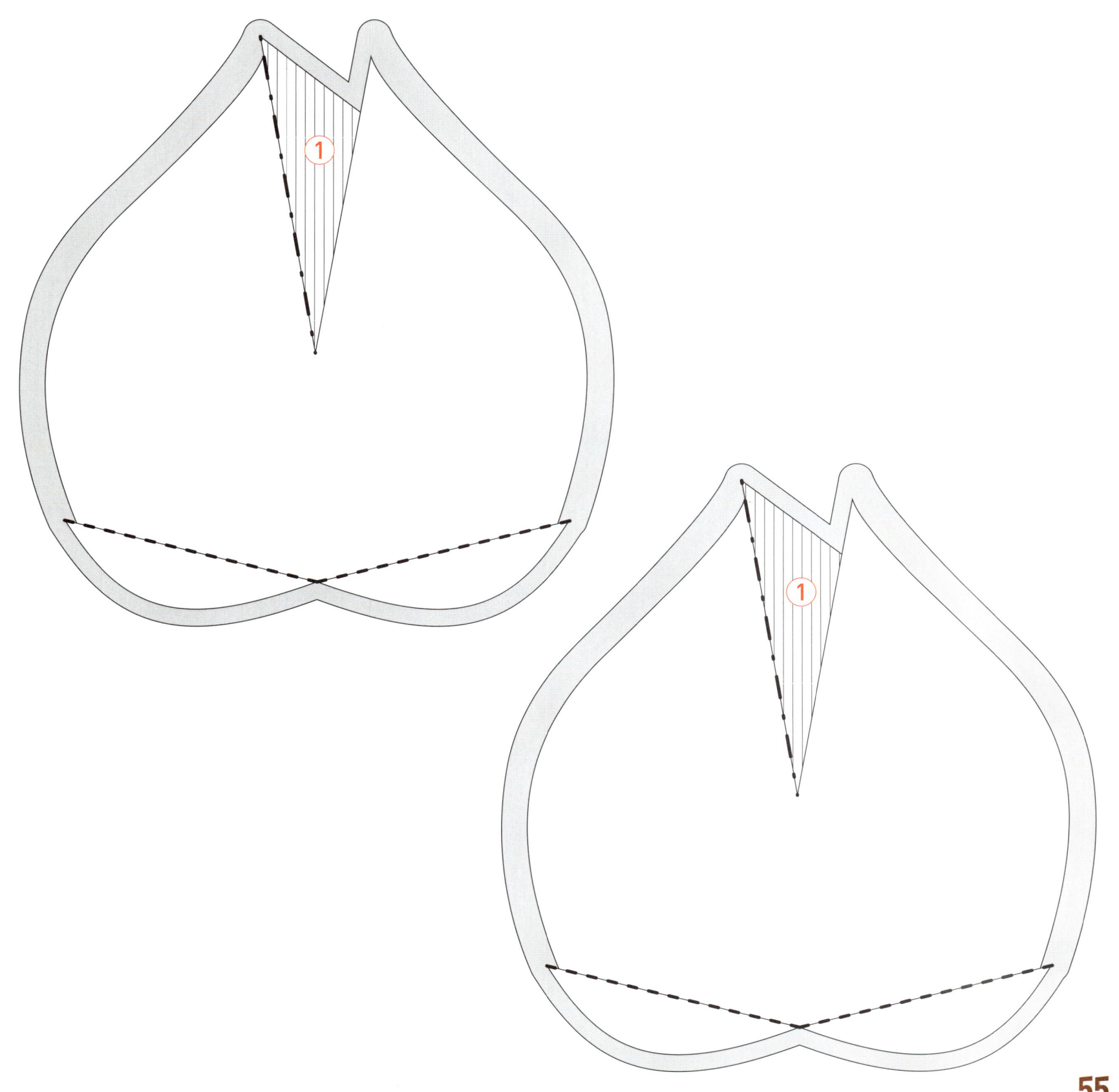

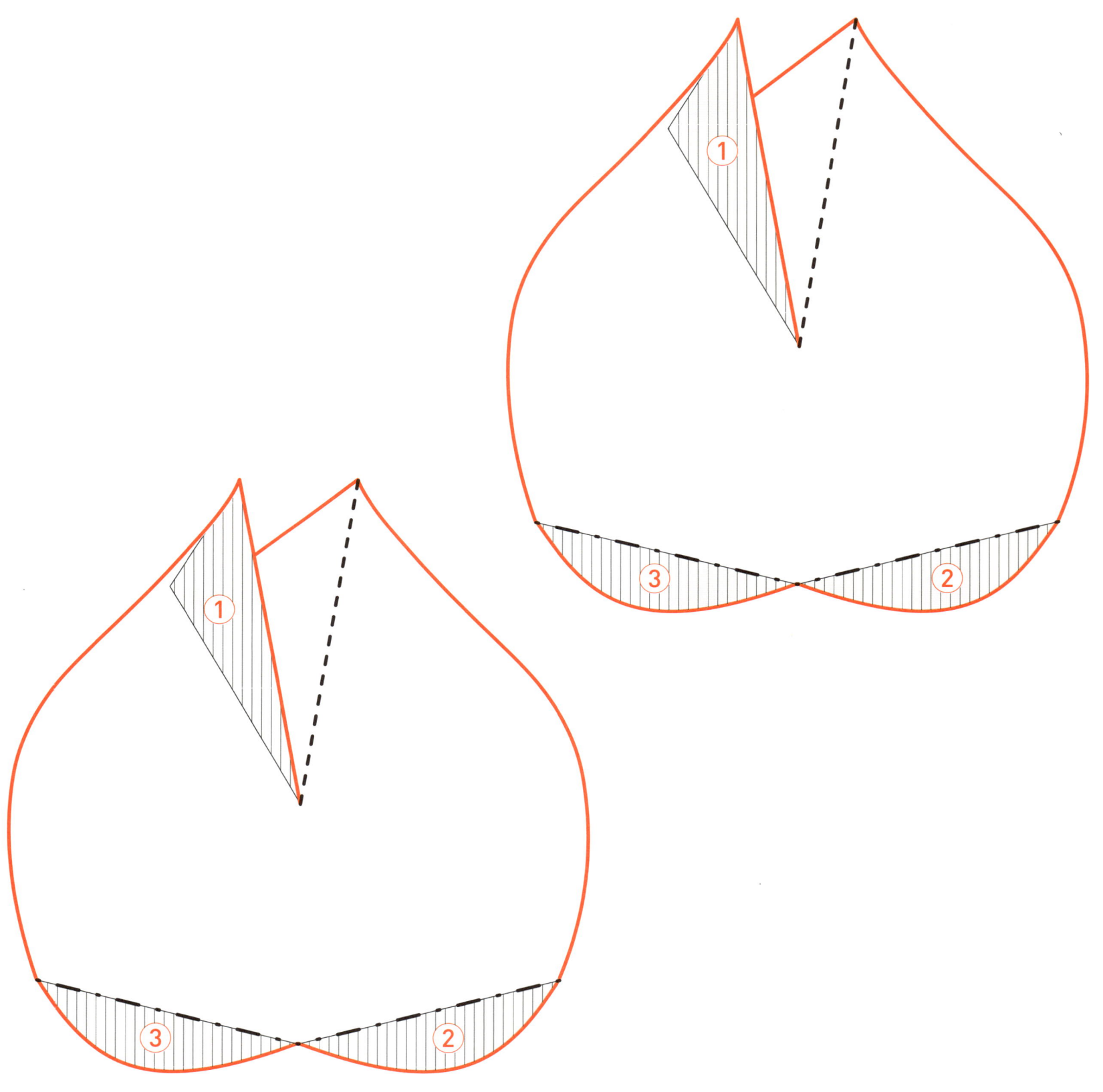

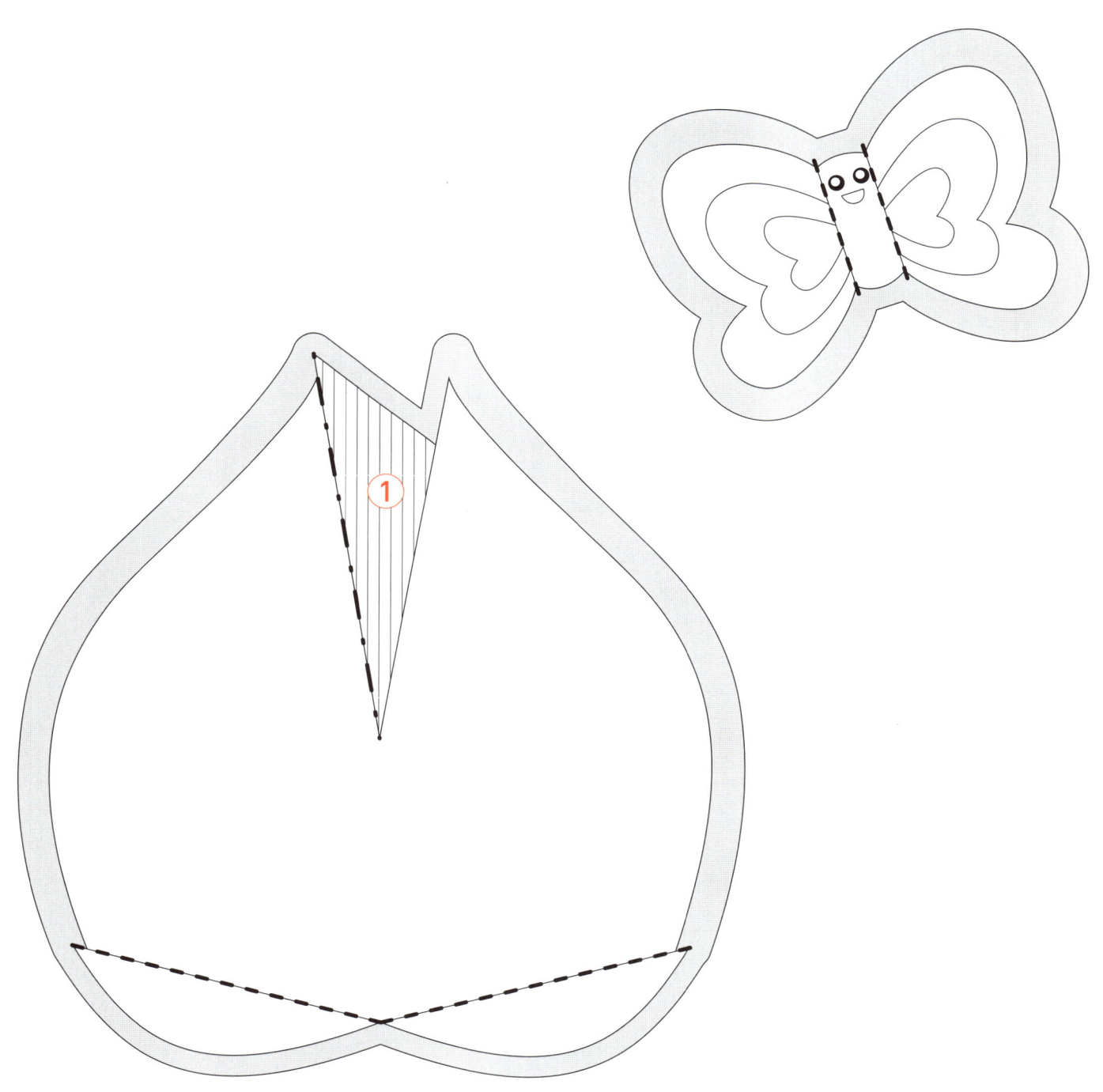

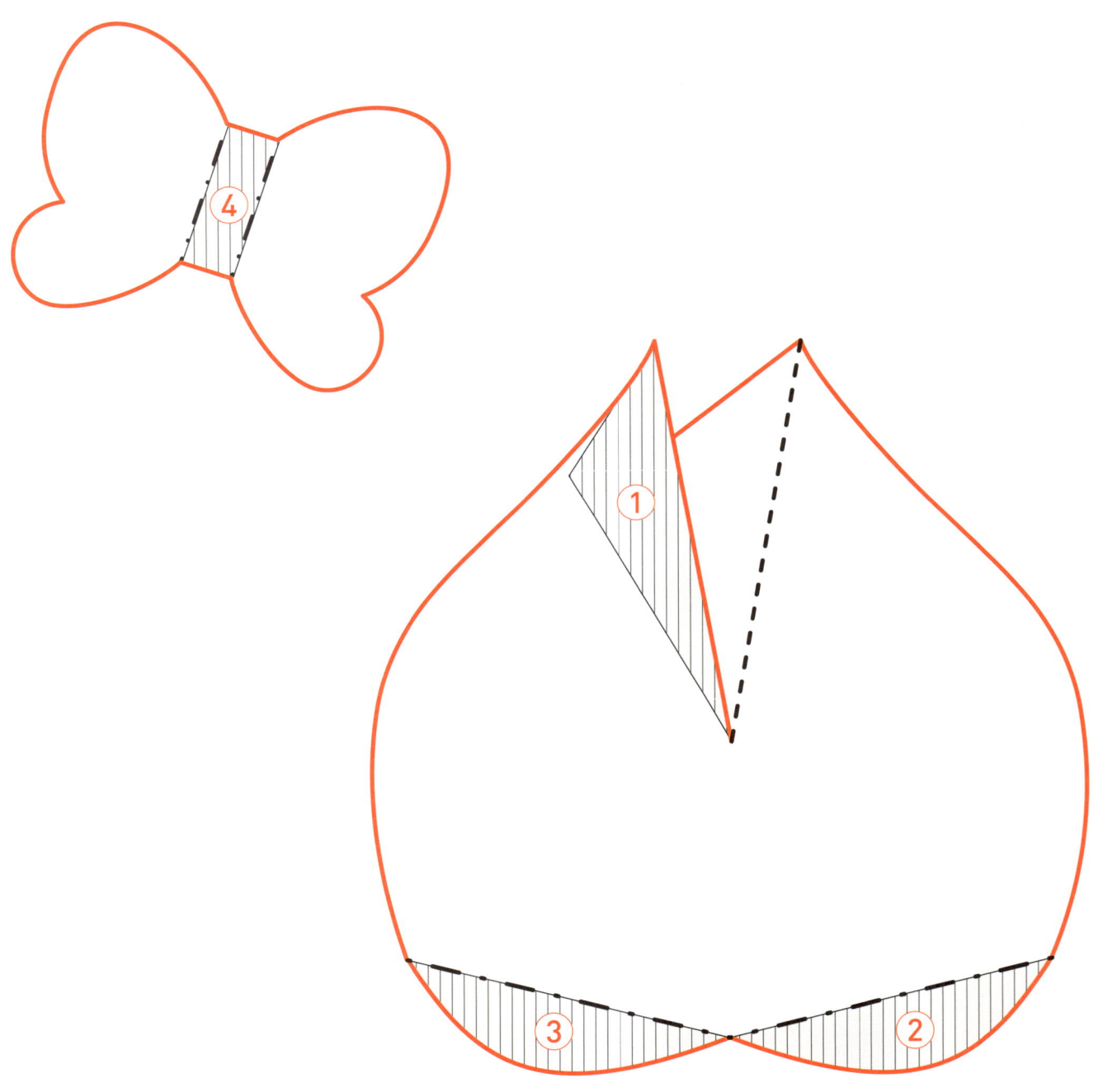

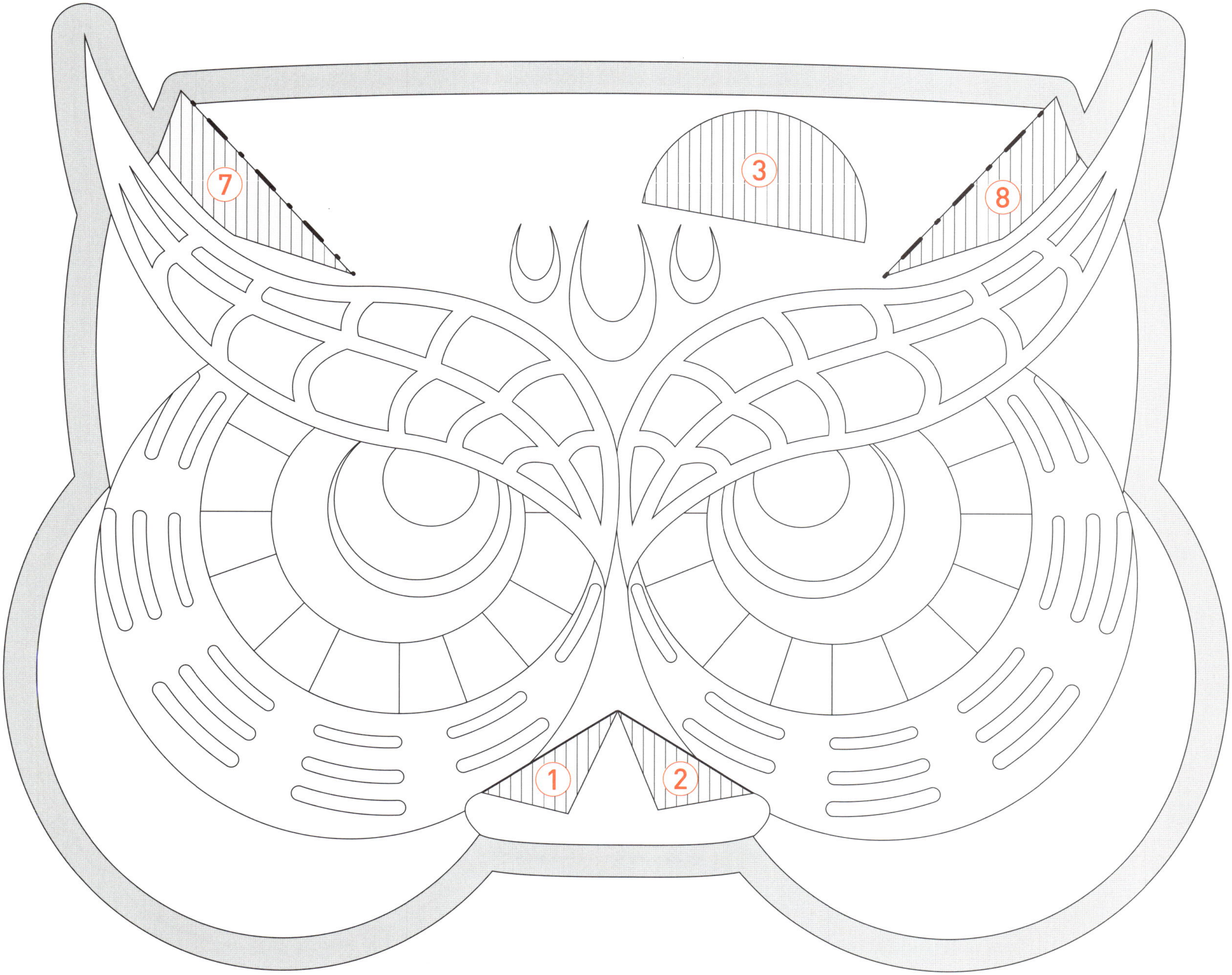

이상한
나라의
부엉이

59

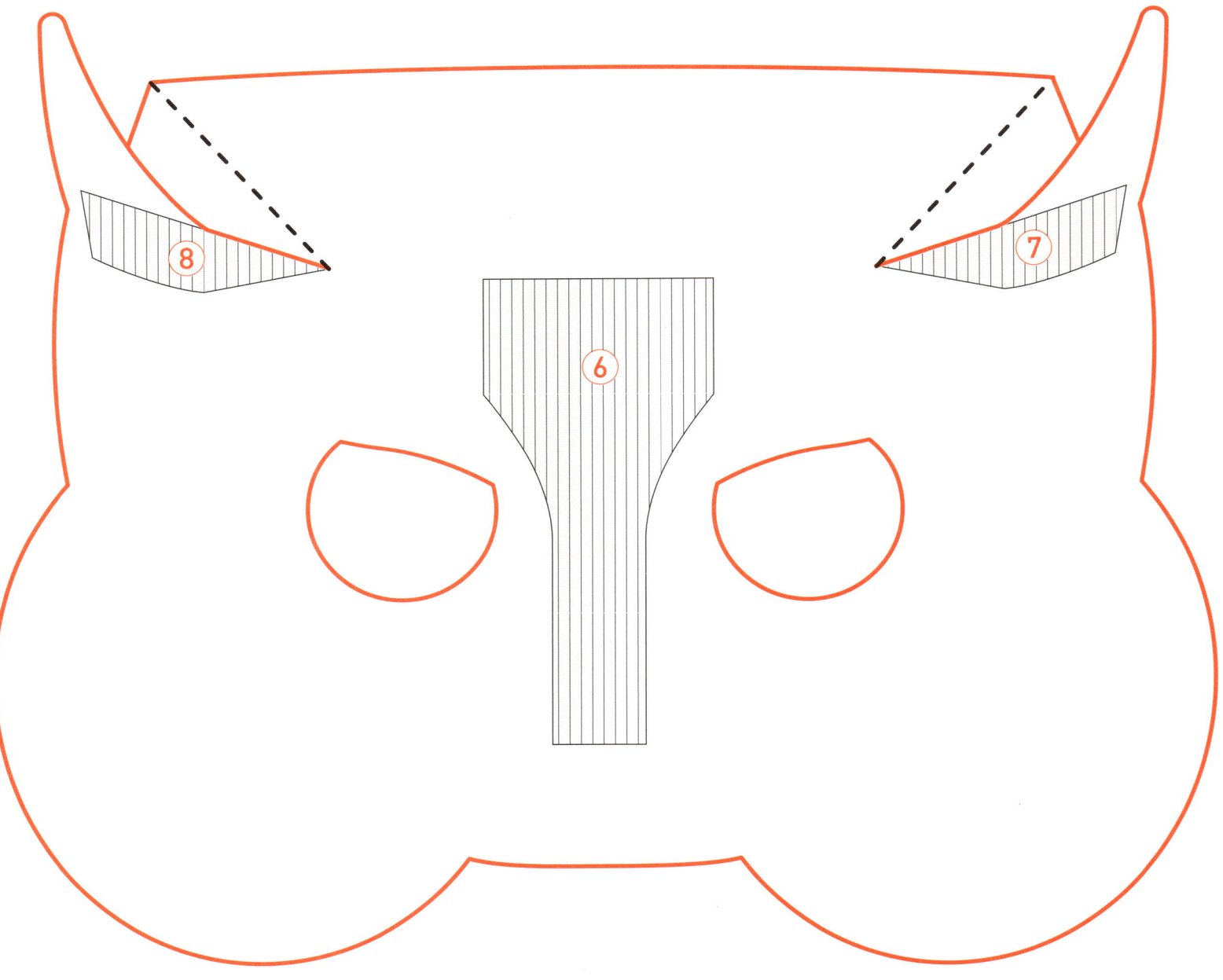

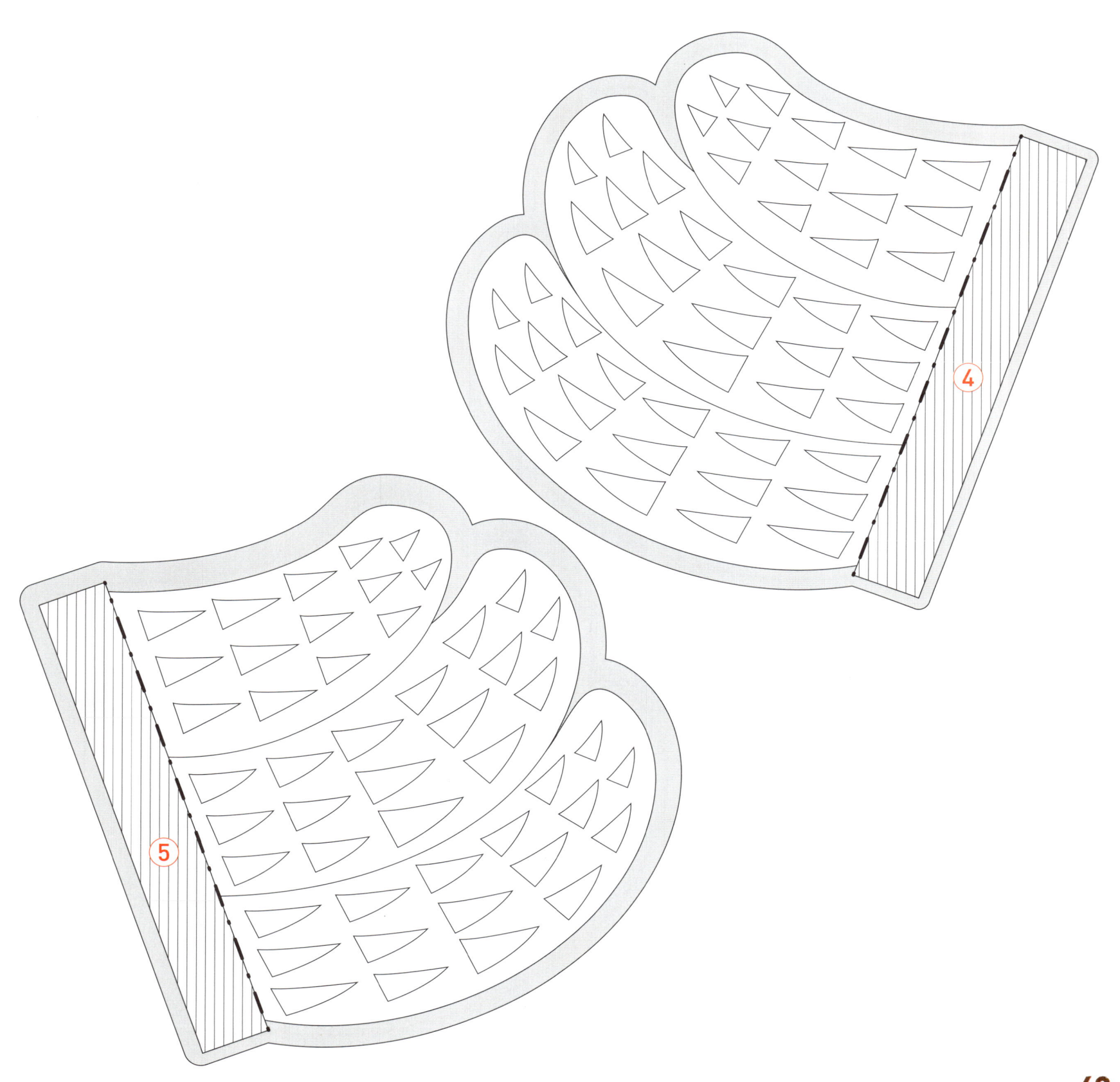

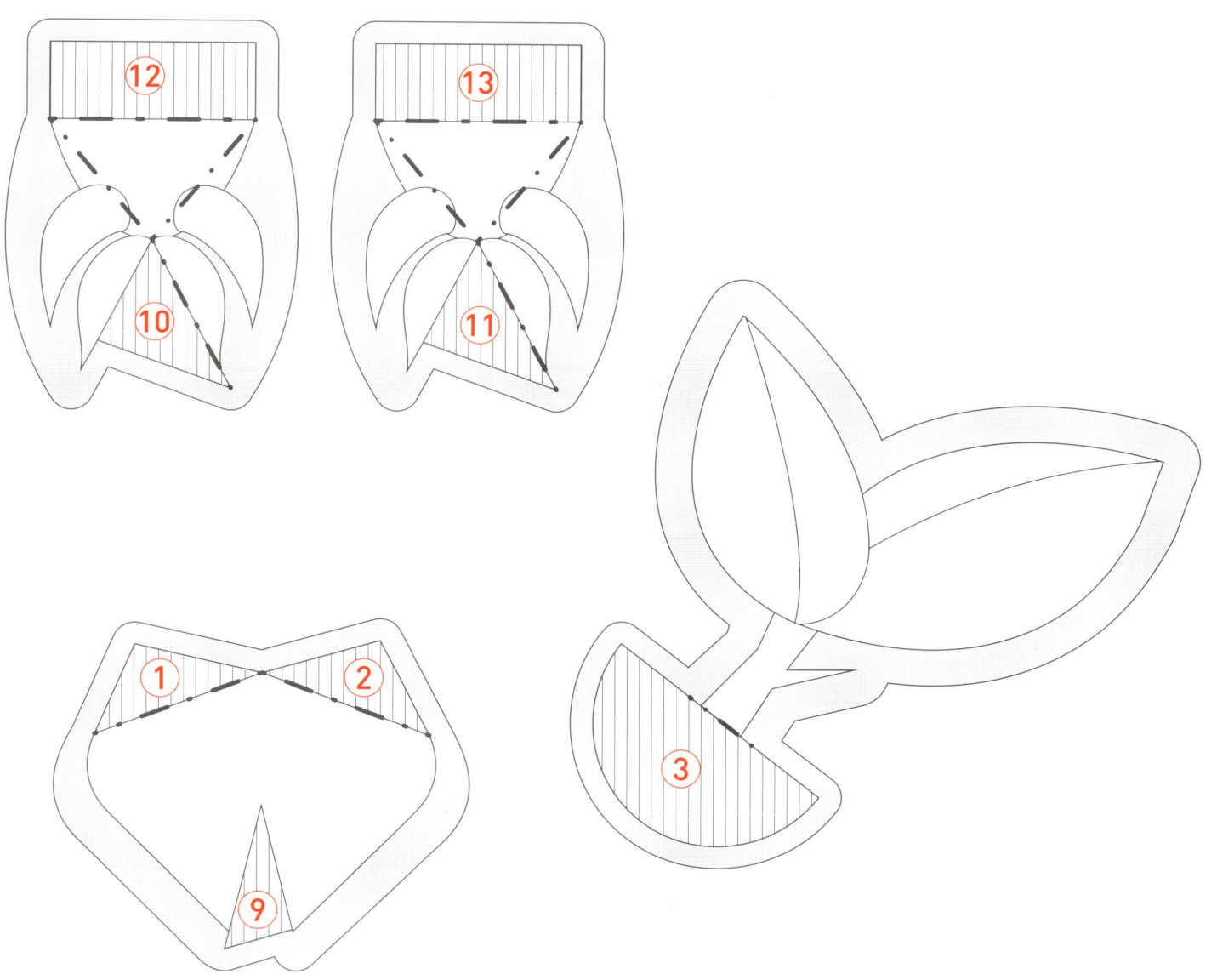

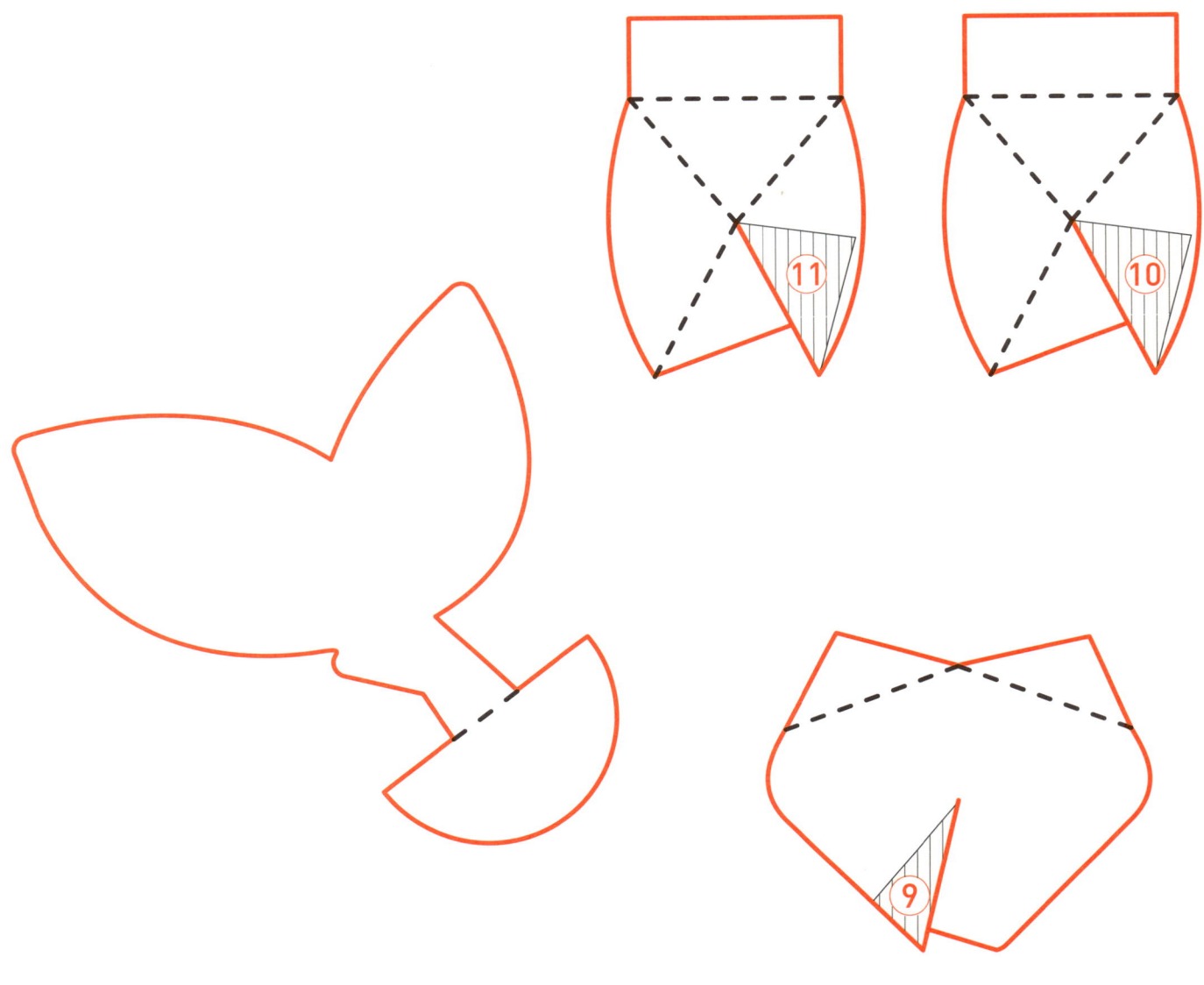

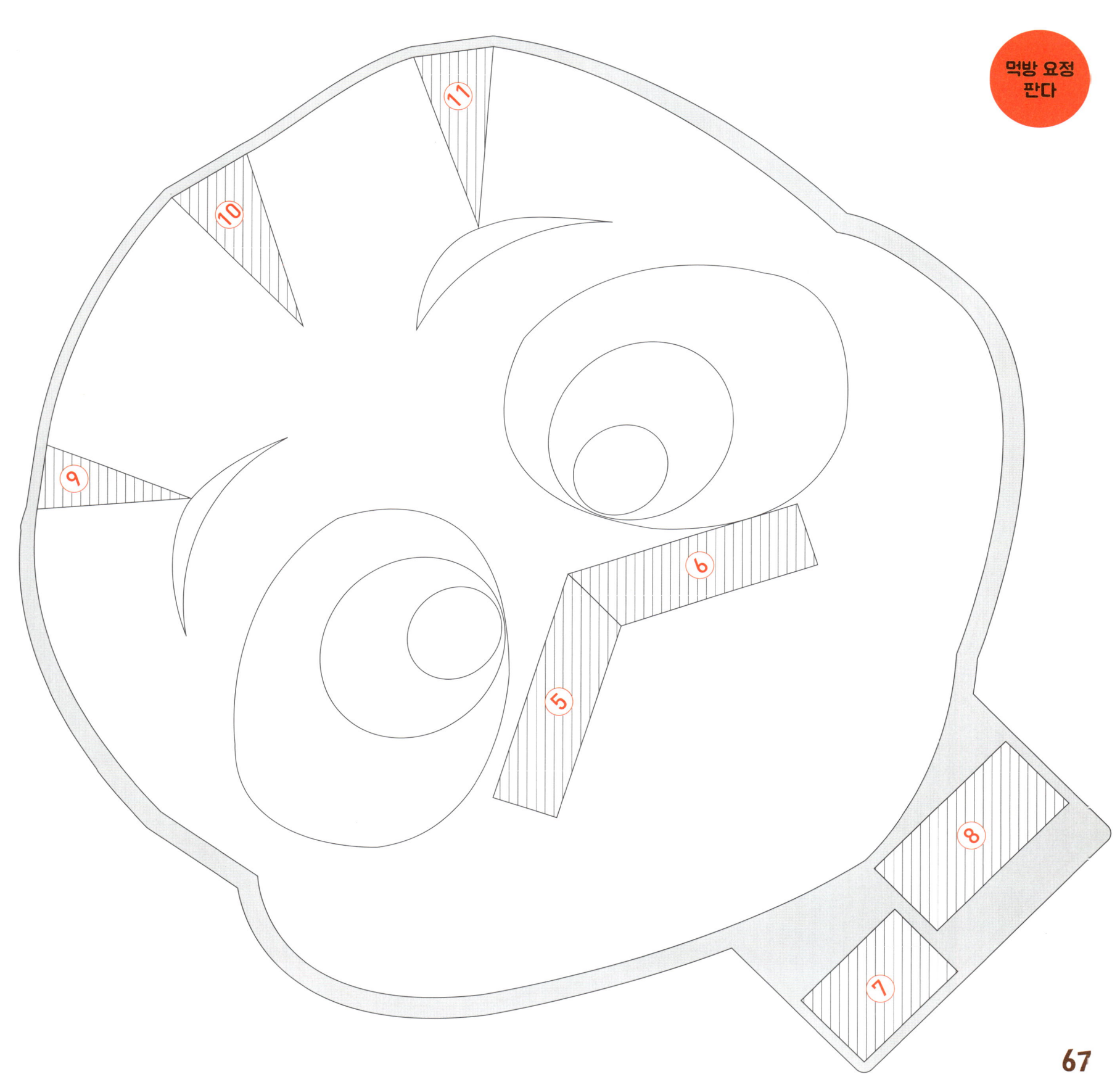

먹방 요정
판다

67

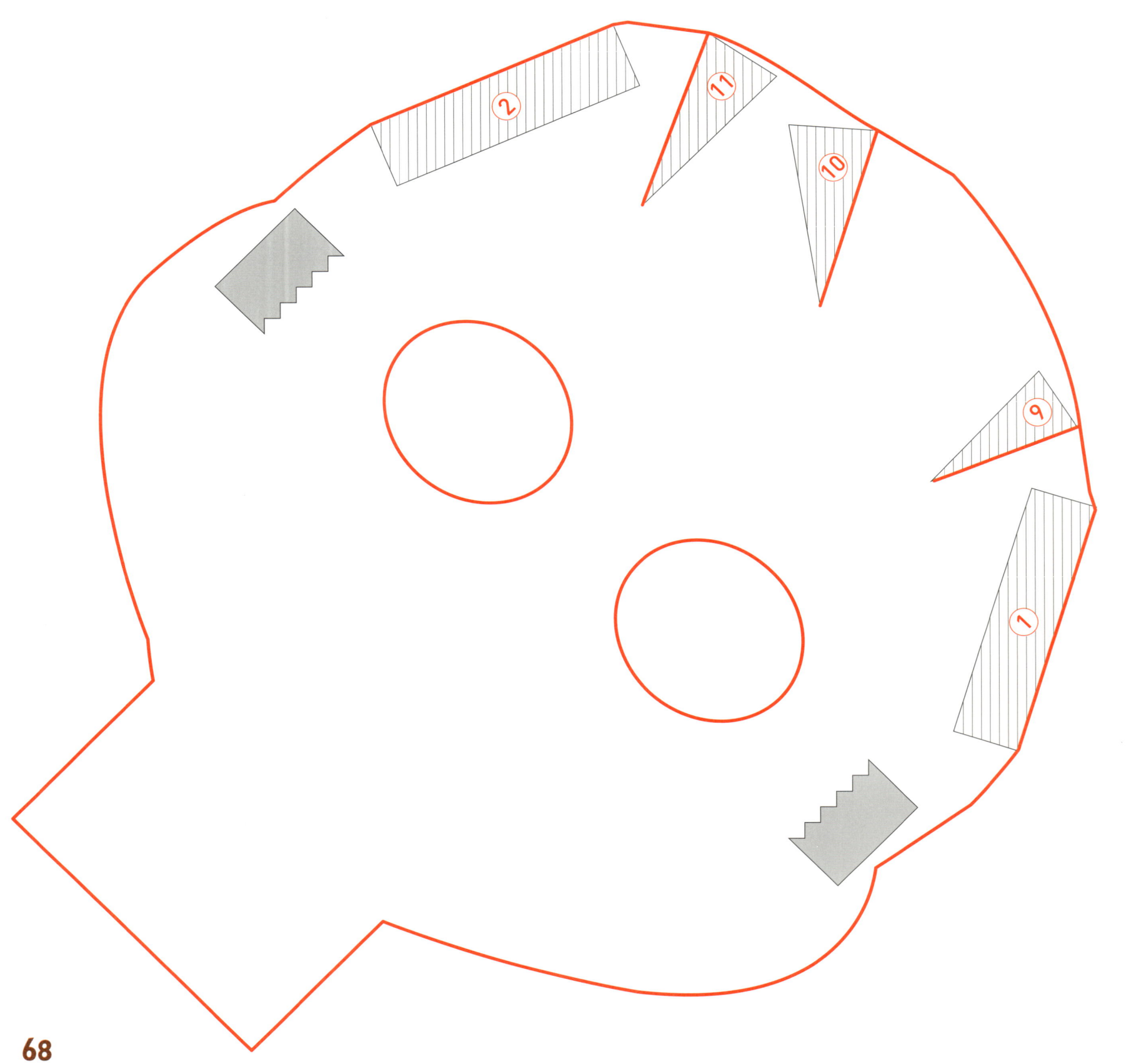

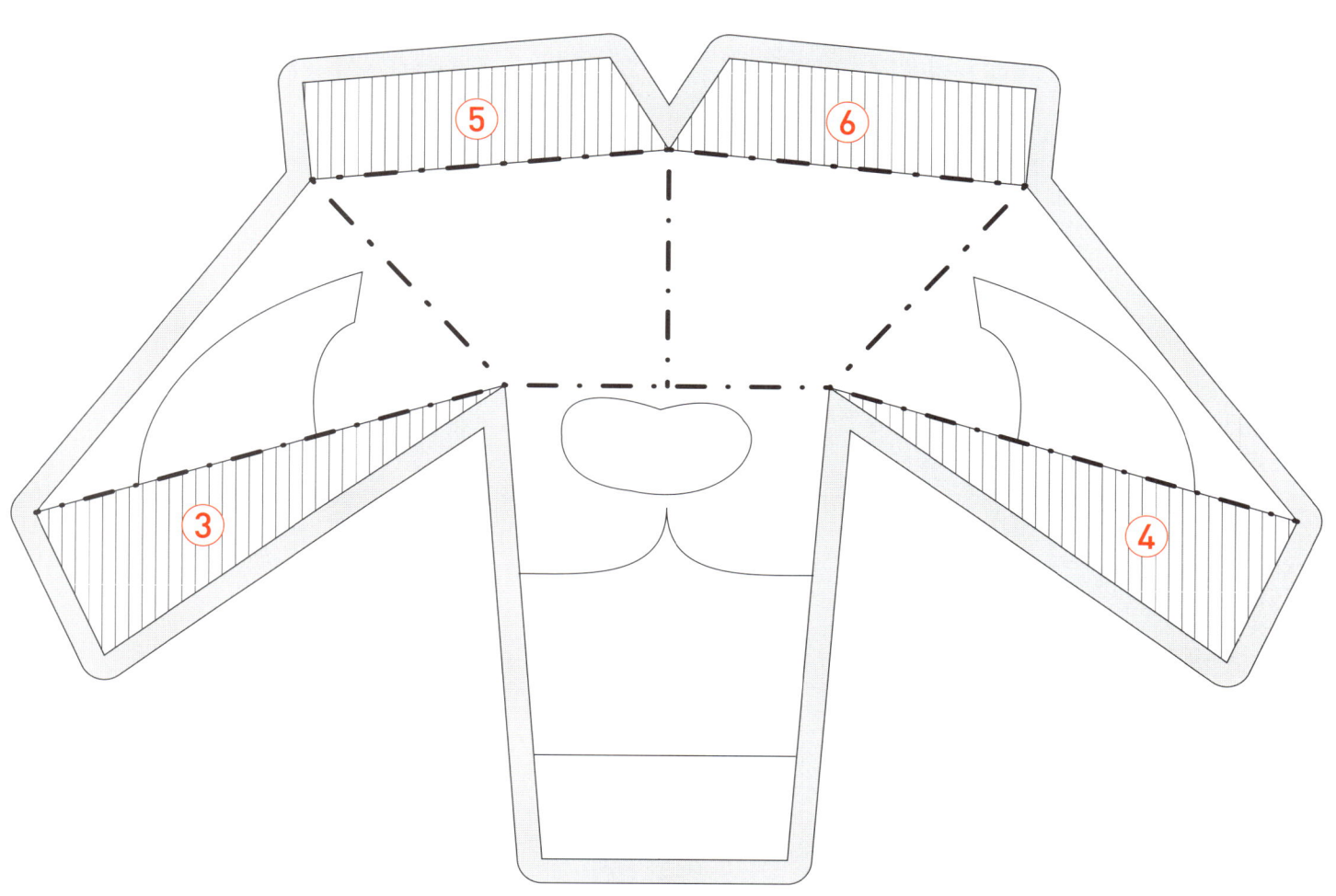

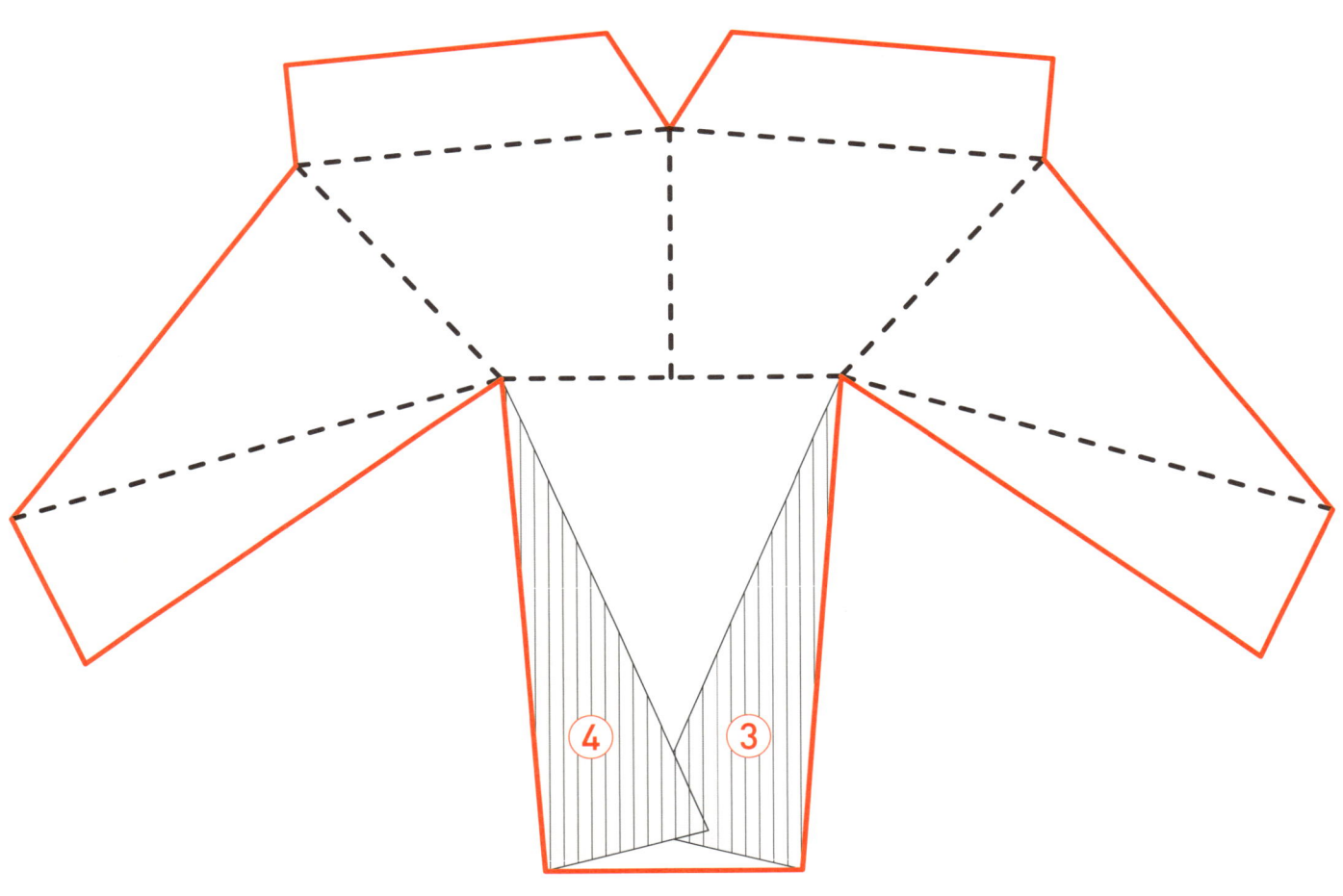

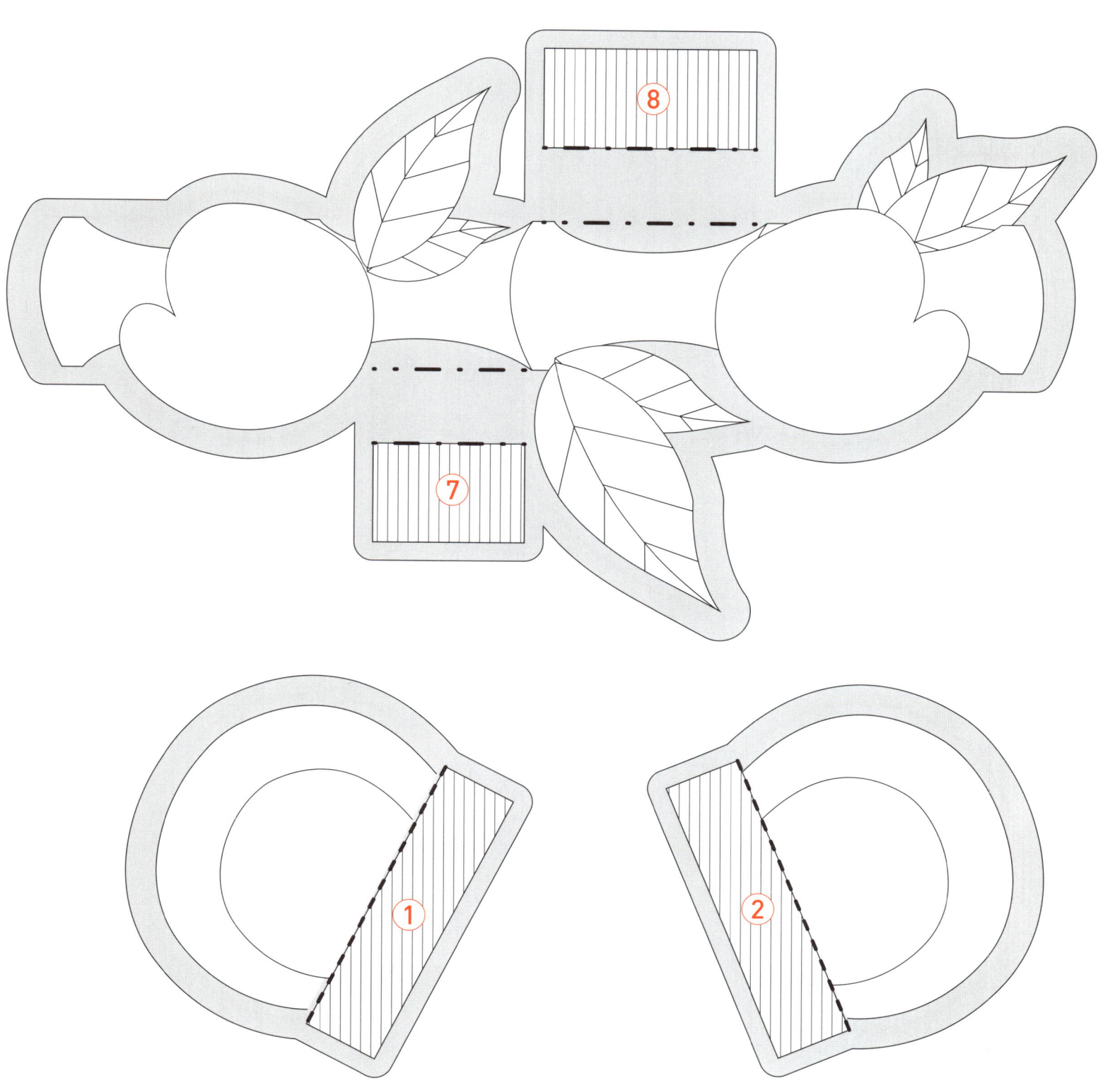

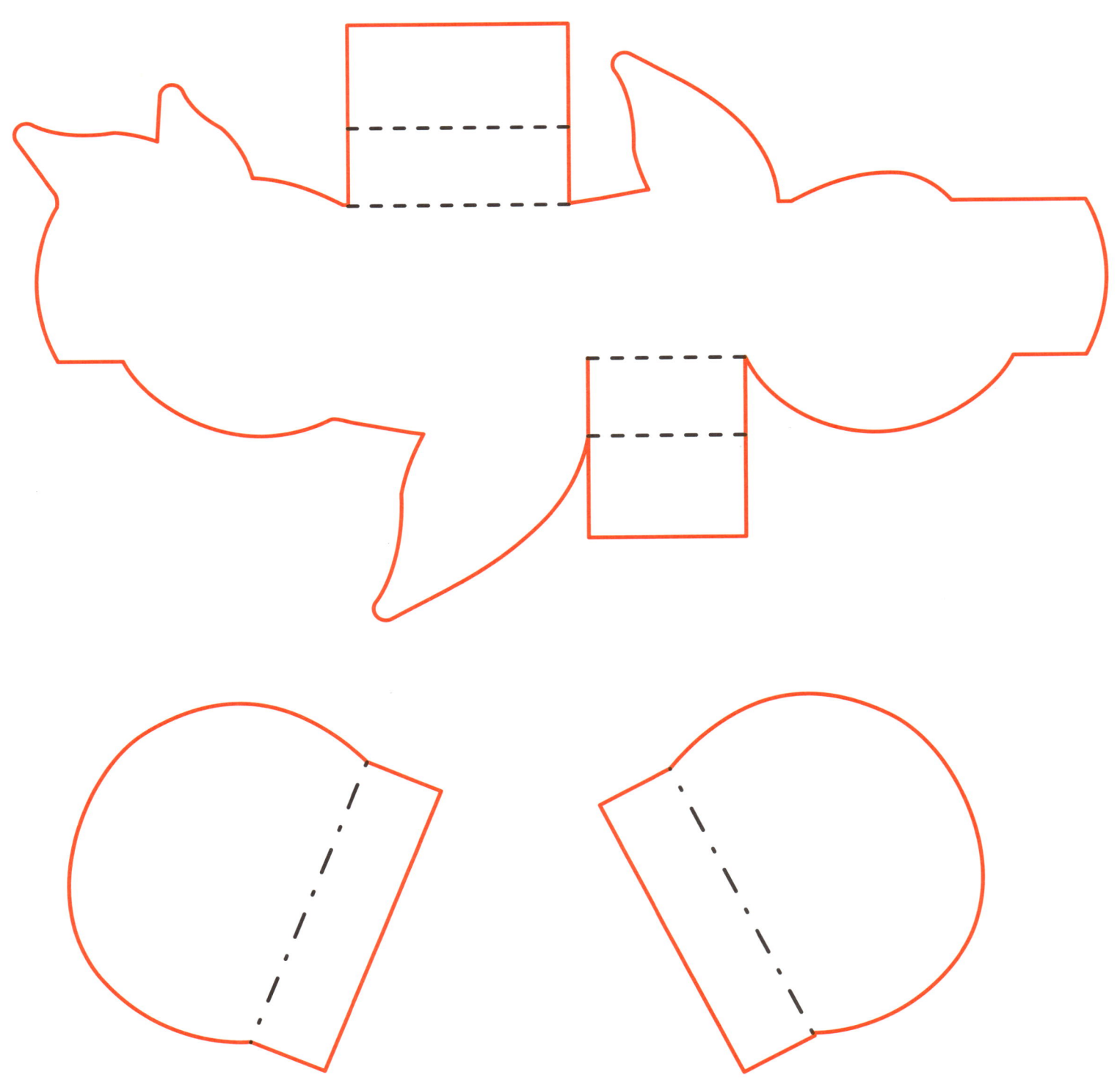

73

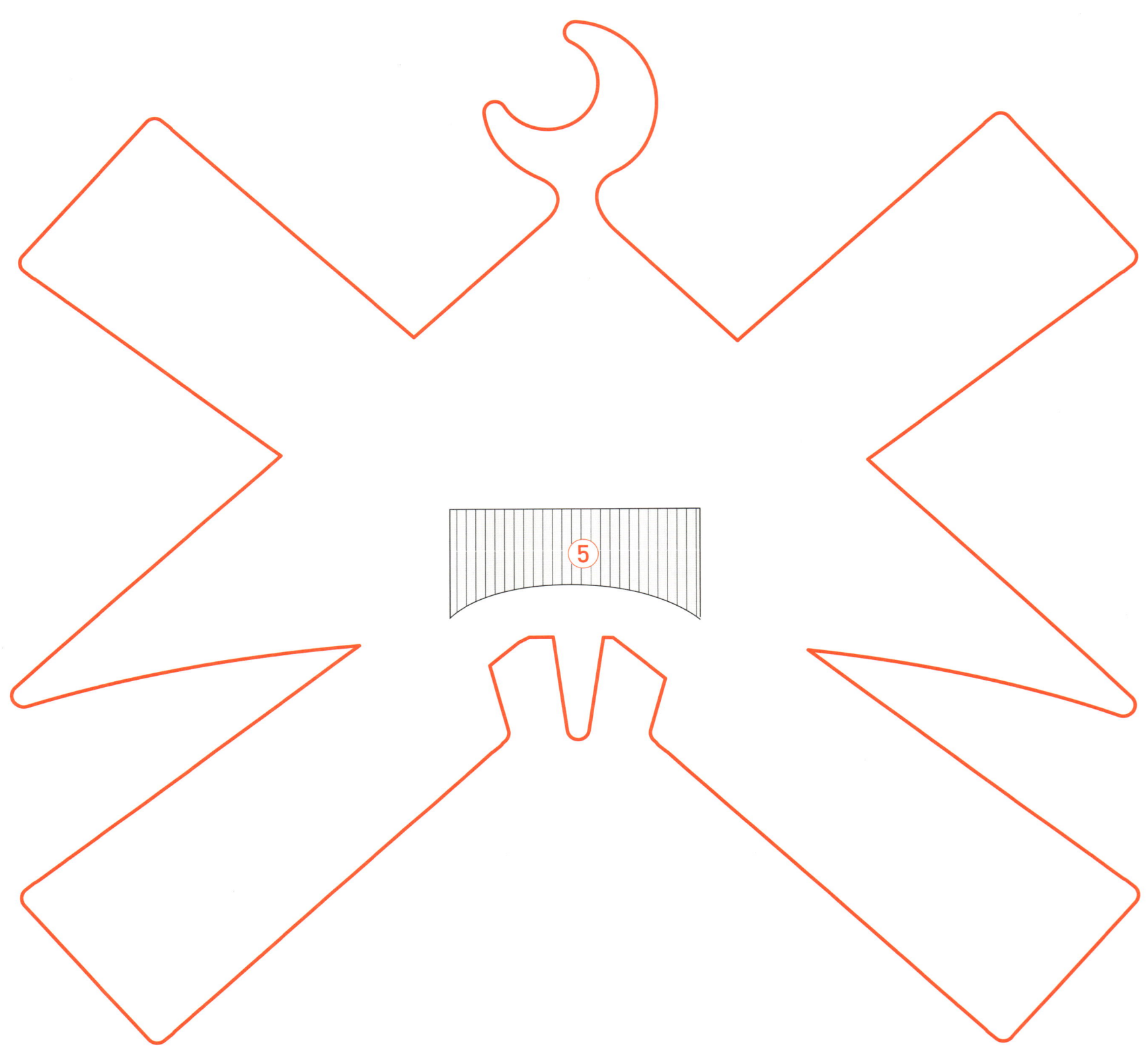

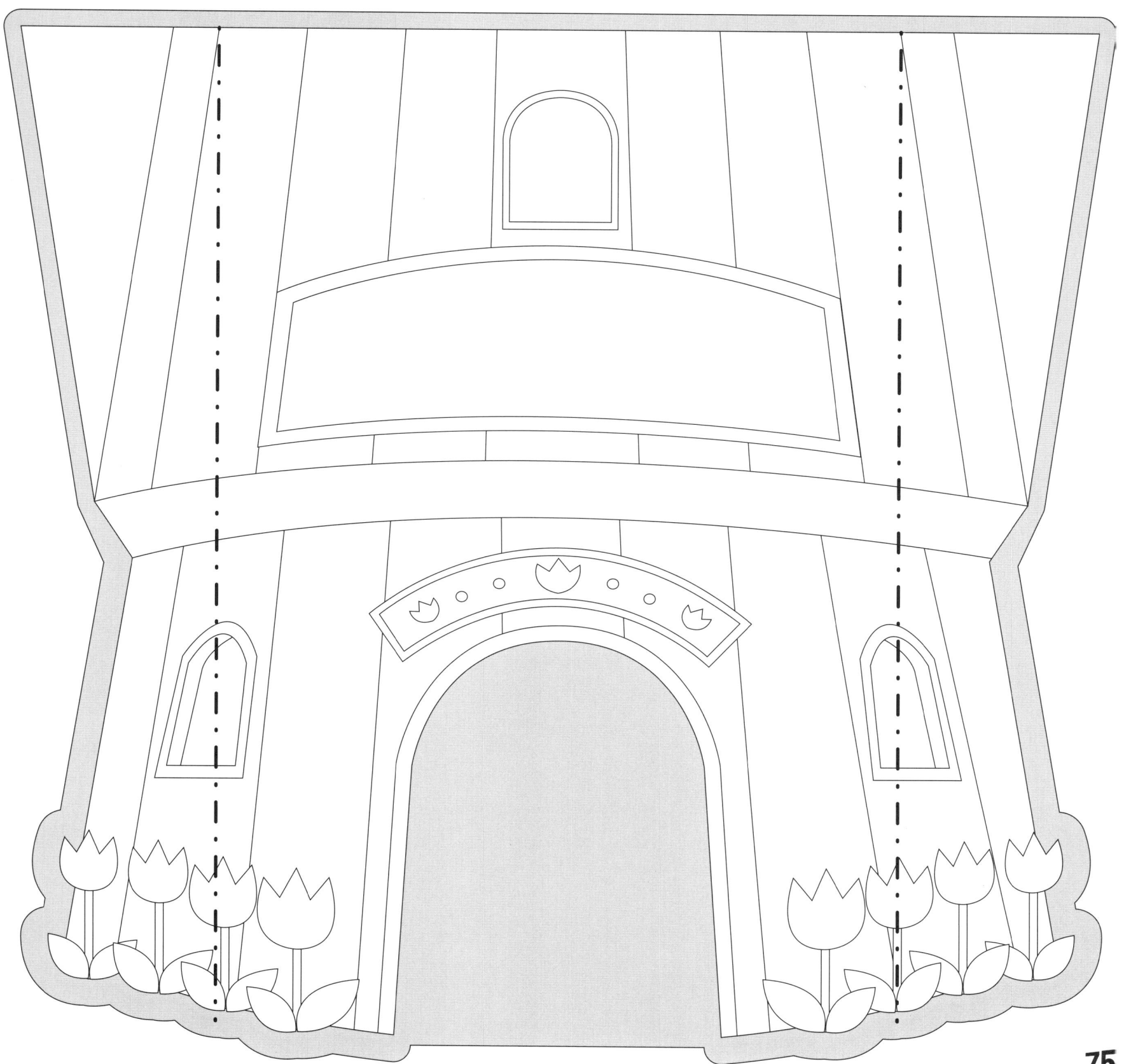

75

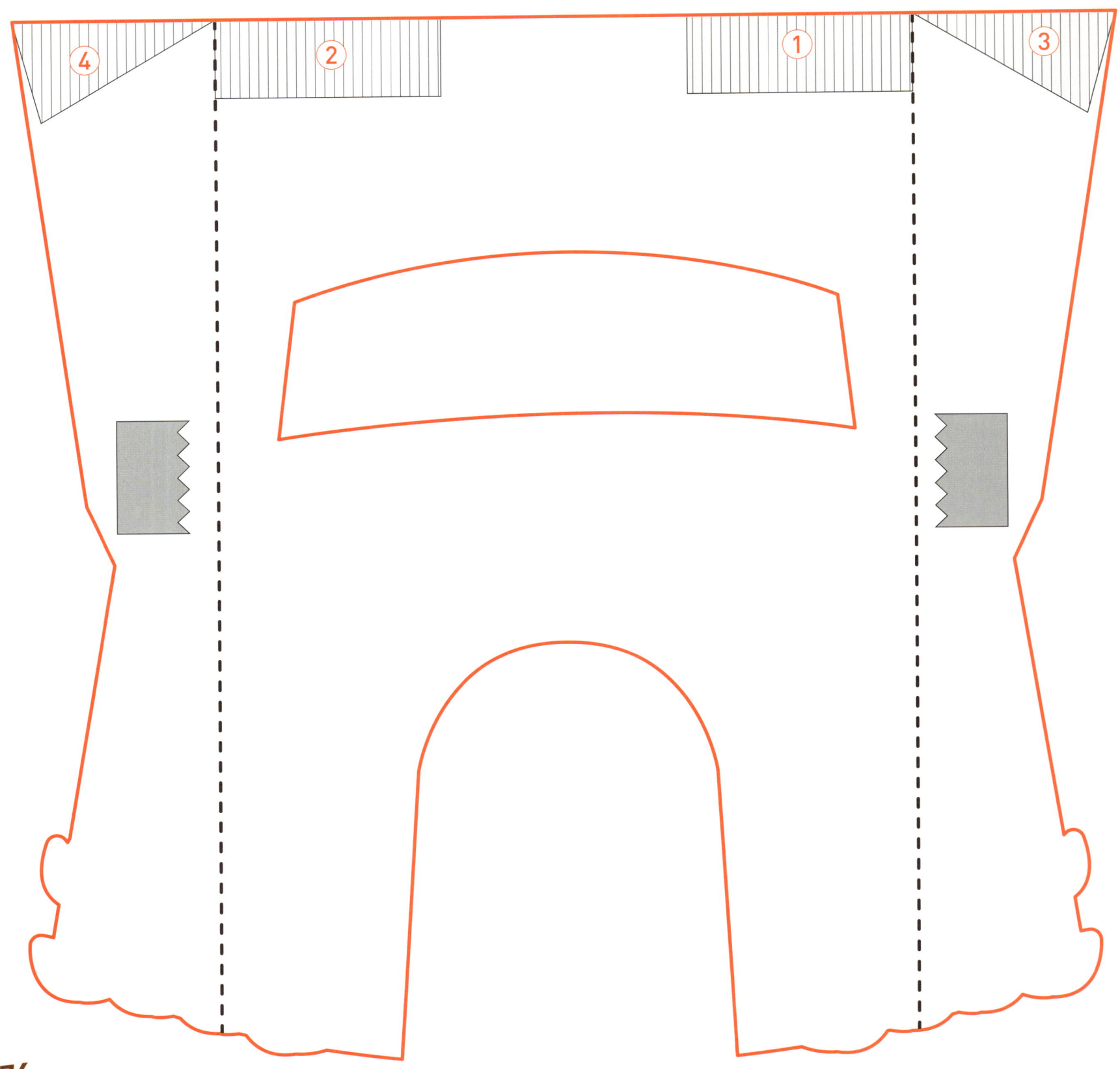

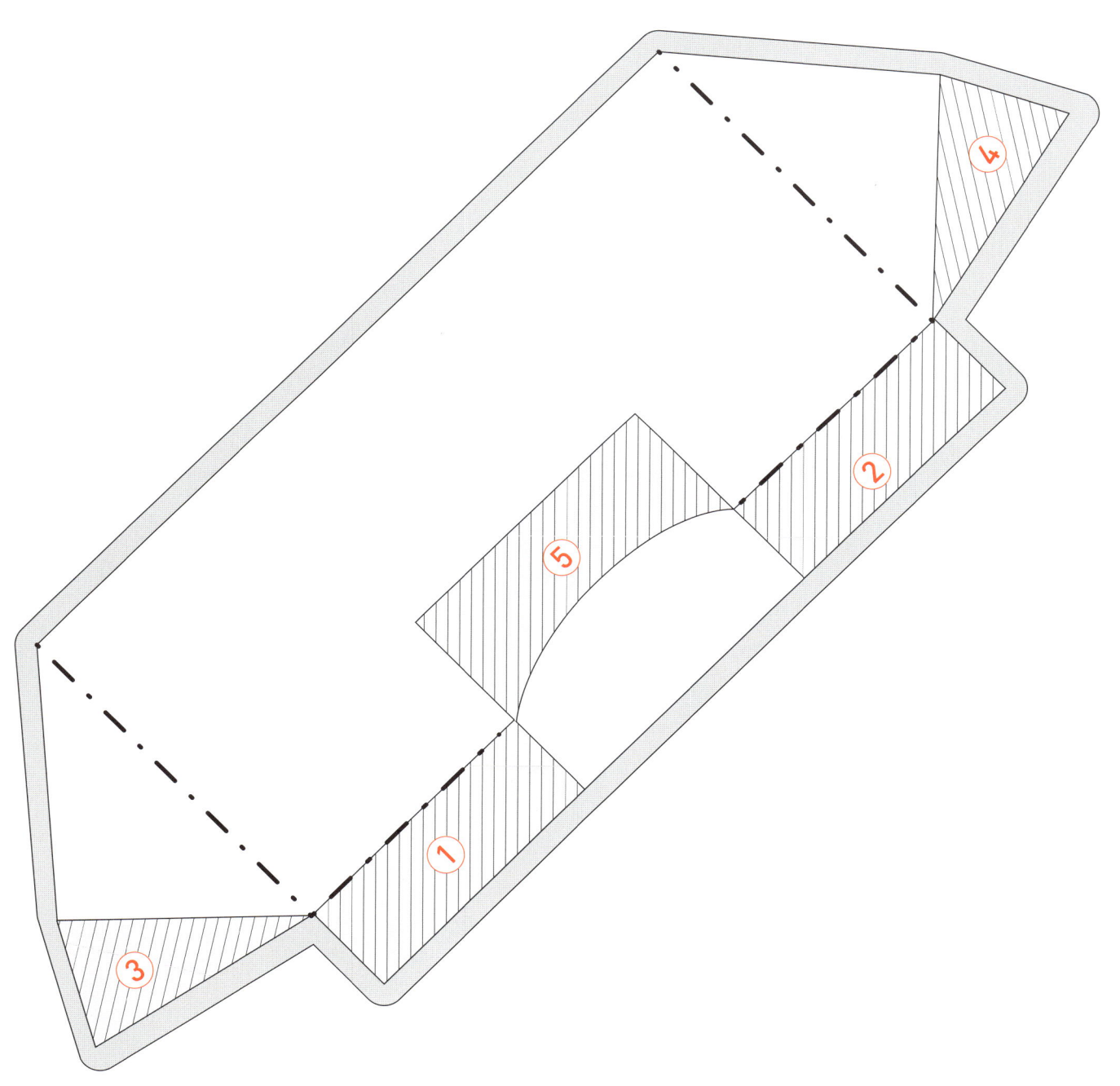

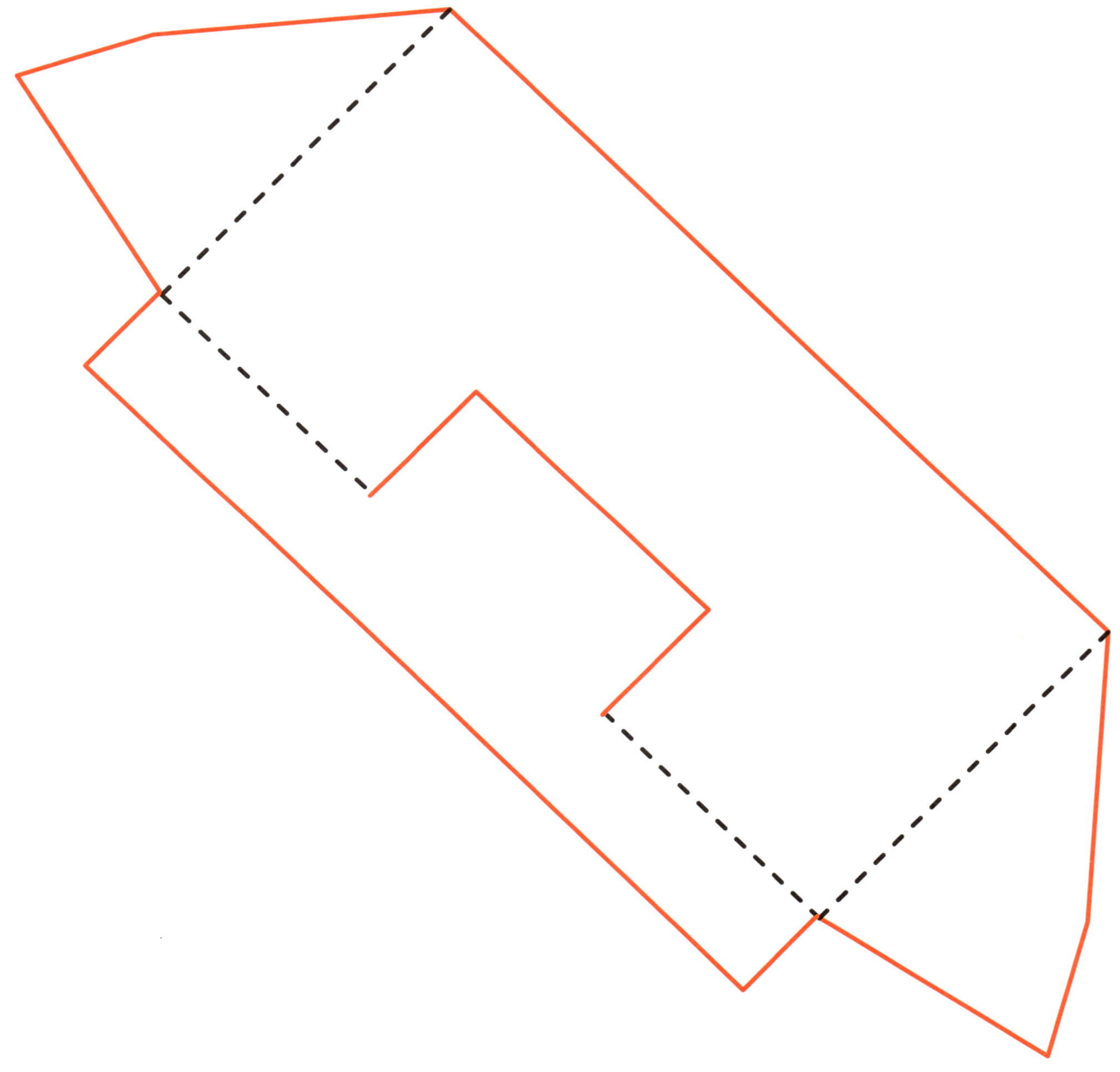

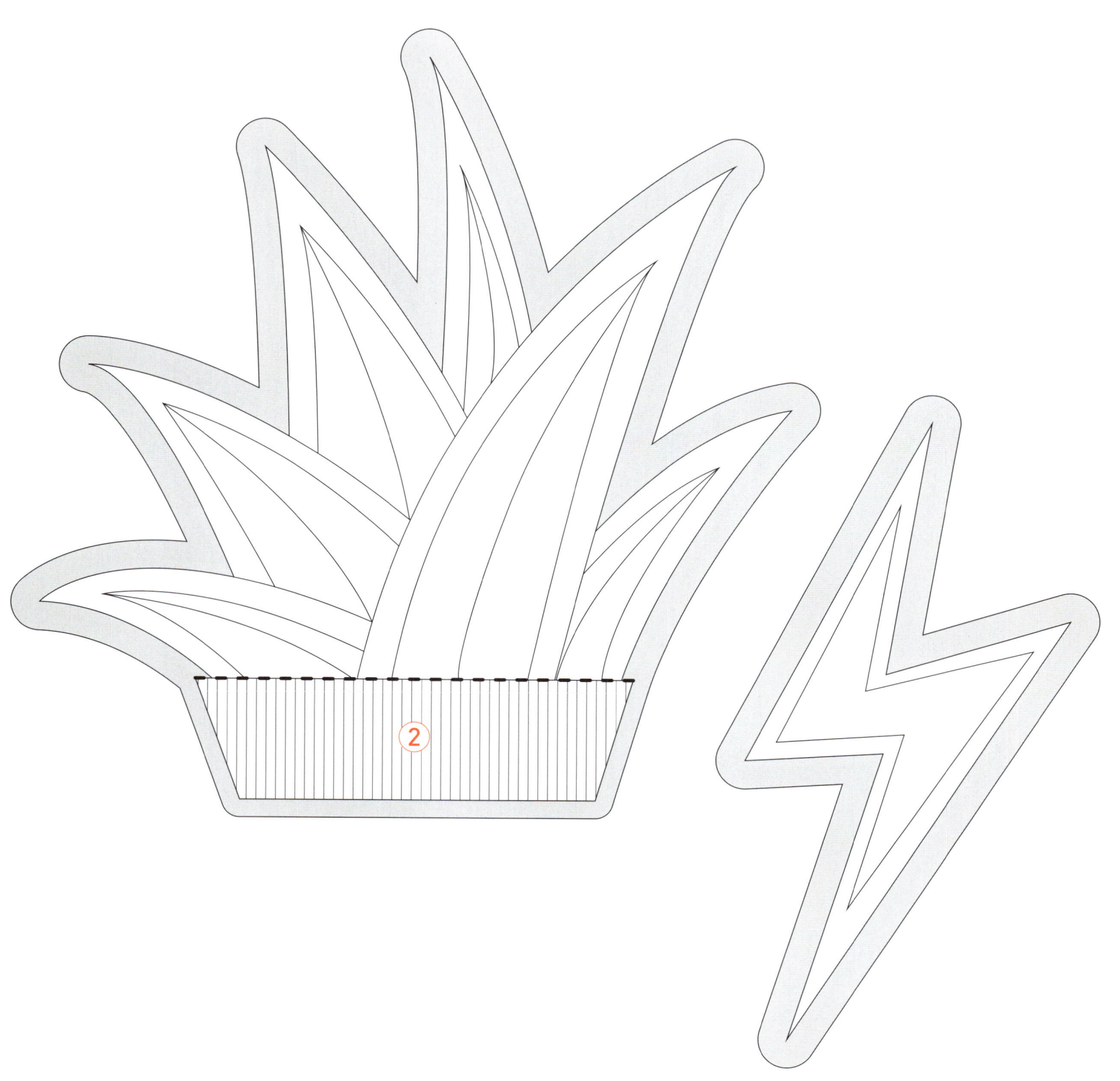

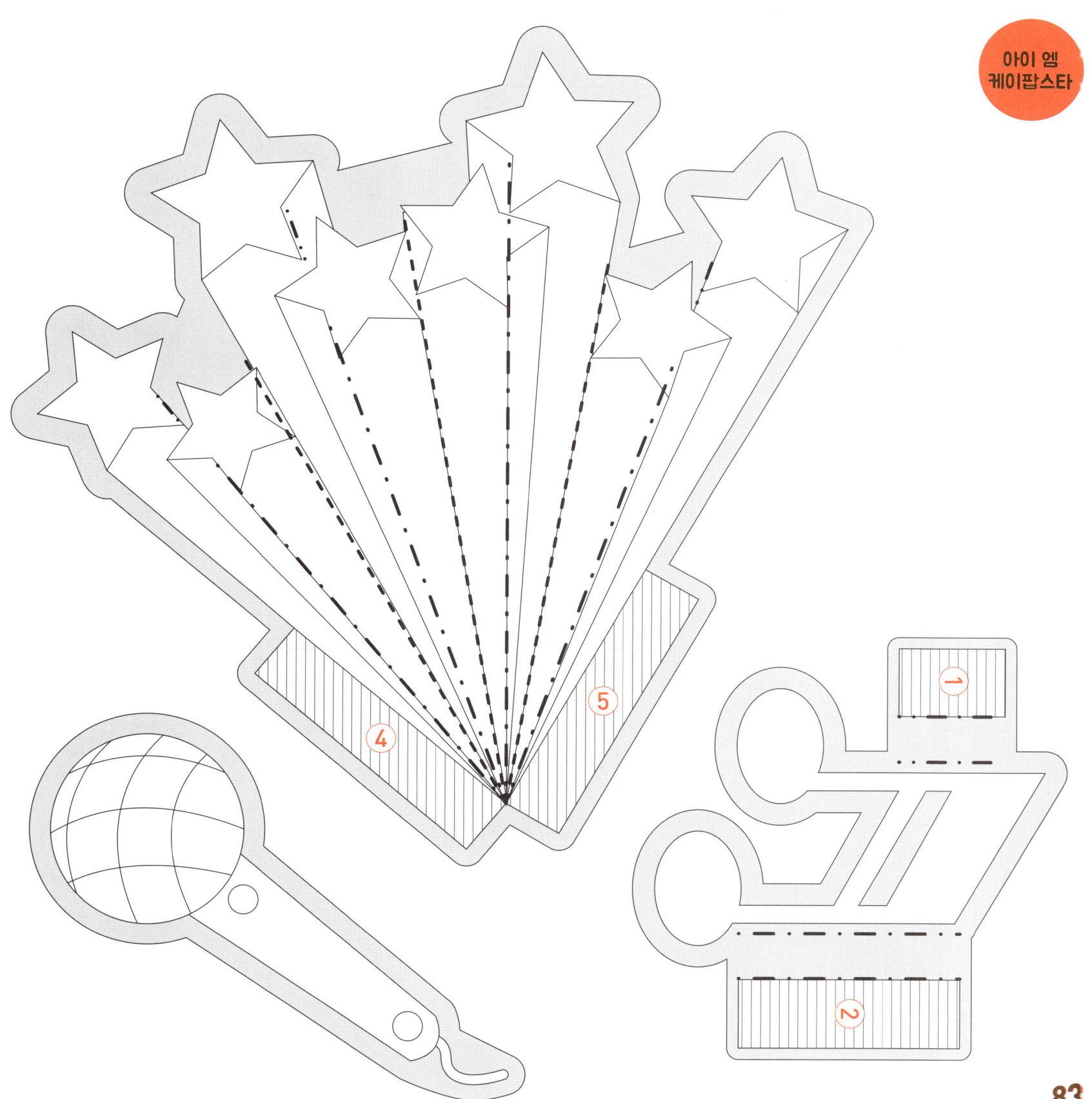

아이 엠
케이팝스타

83

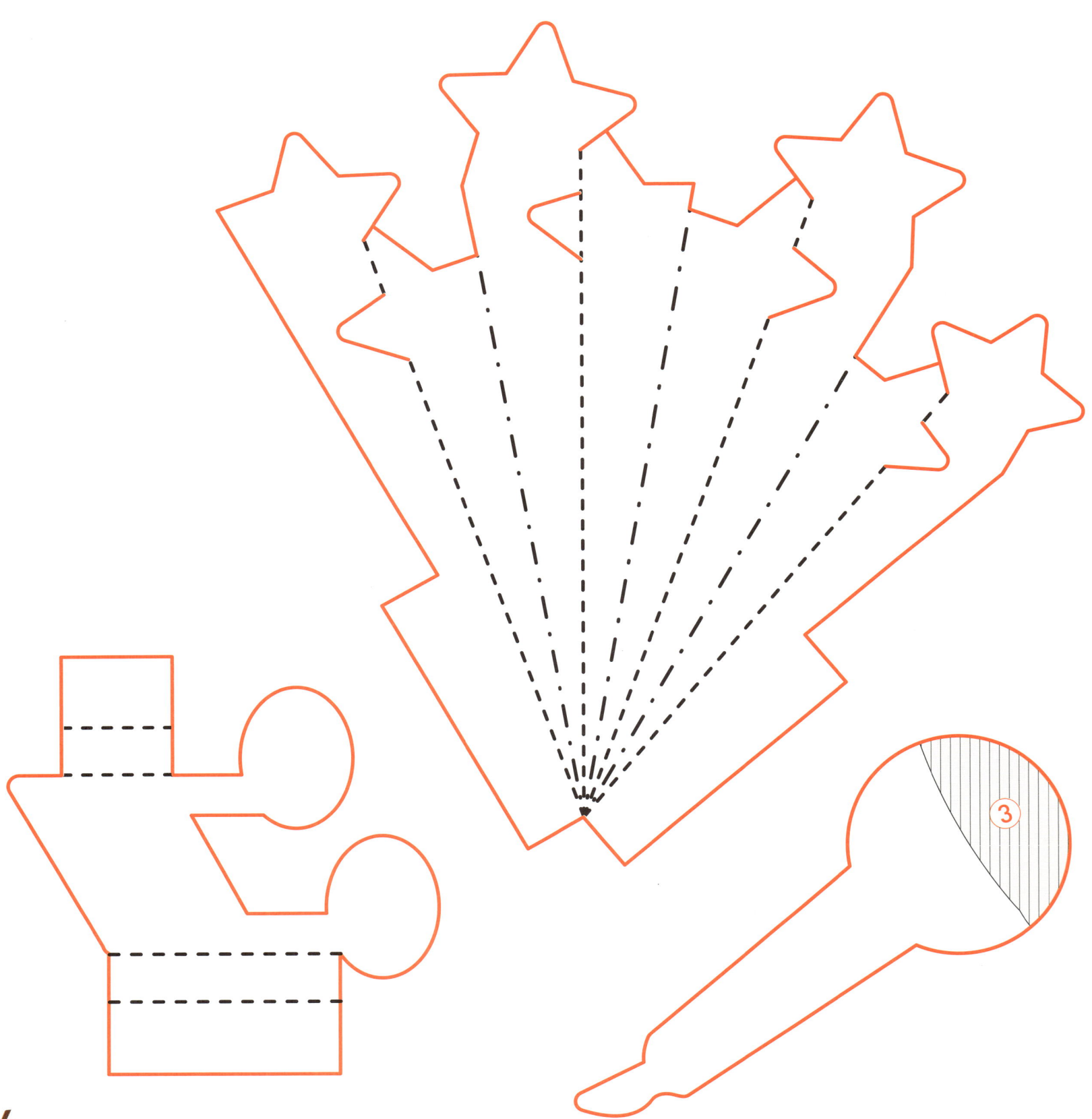

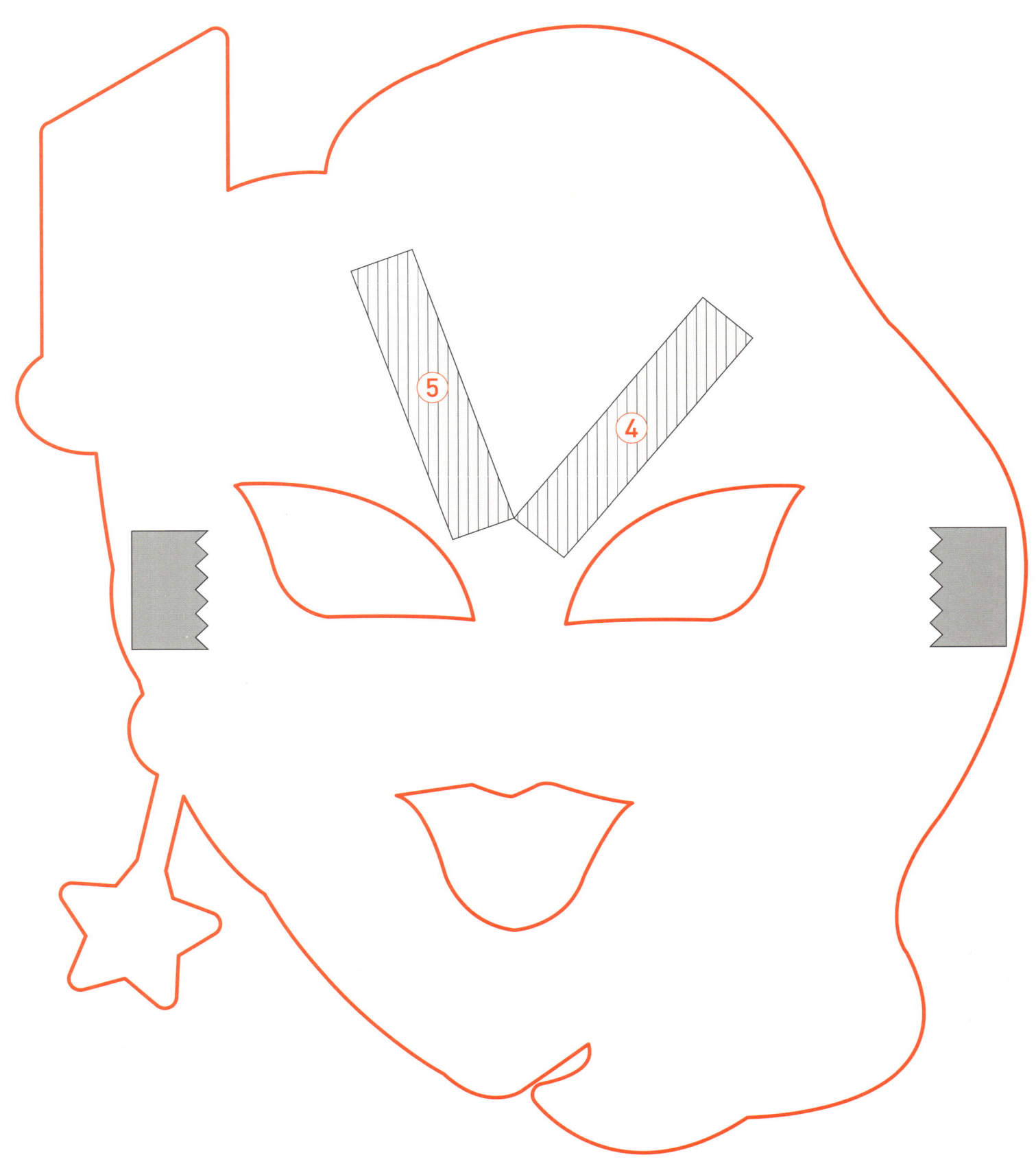

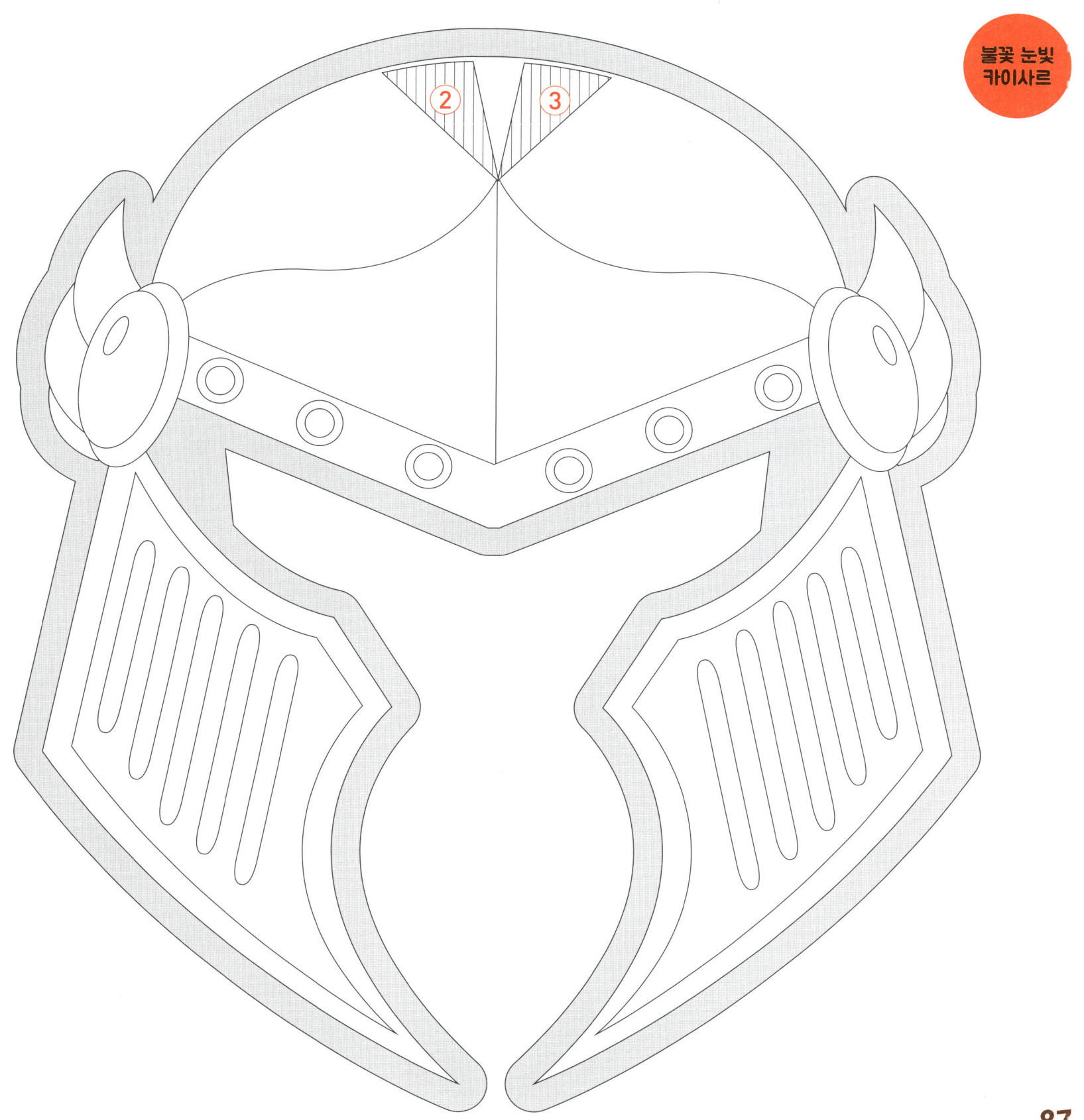

불꽃 눈빛
카이사르

② ③

87

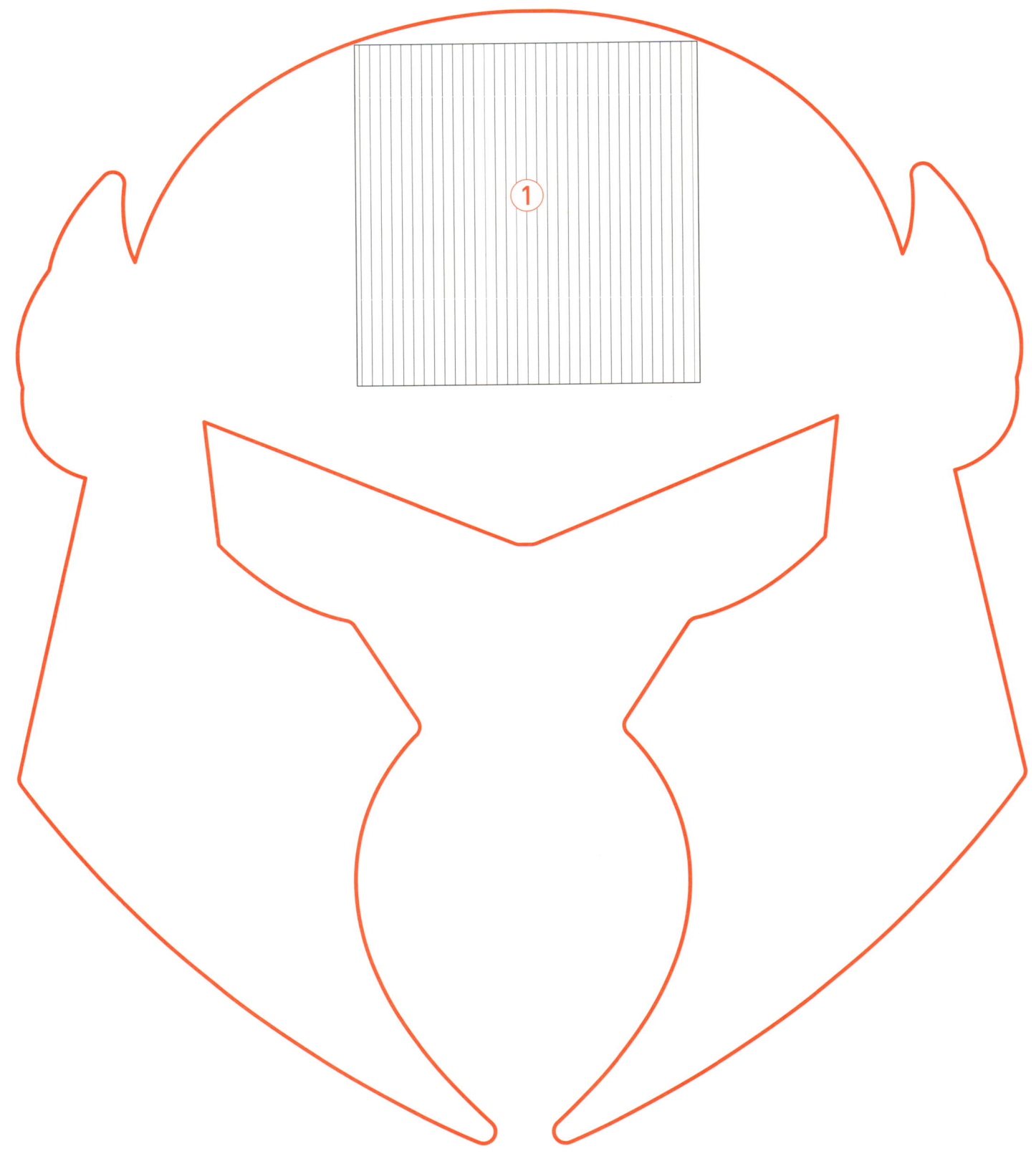

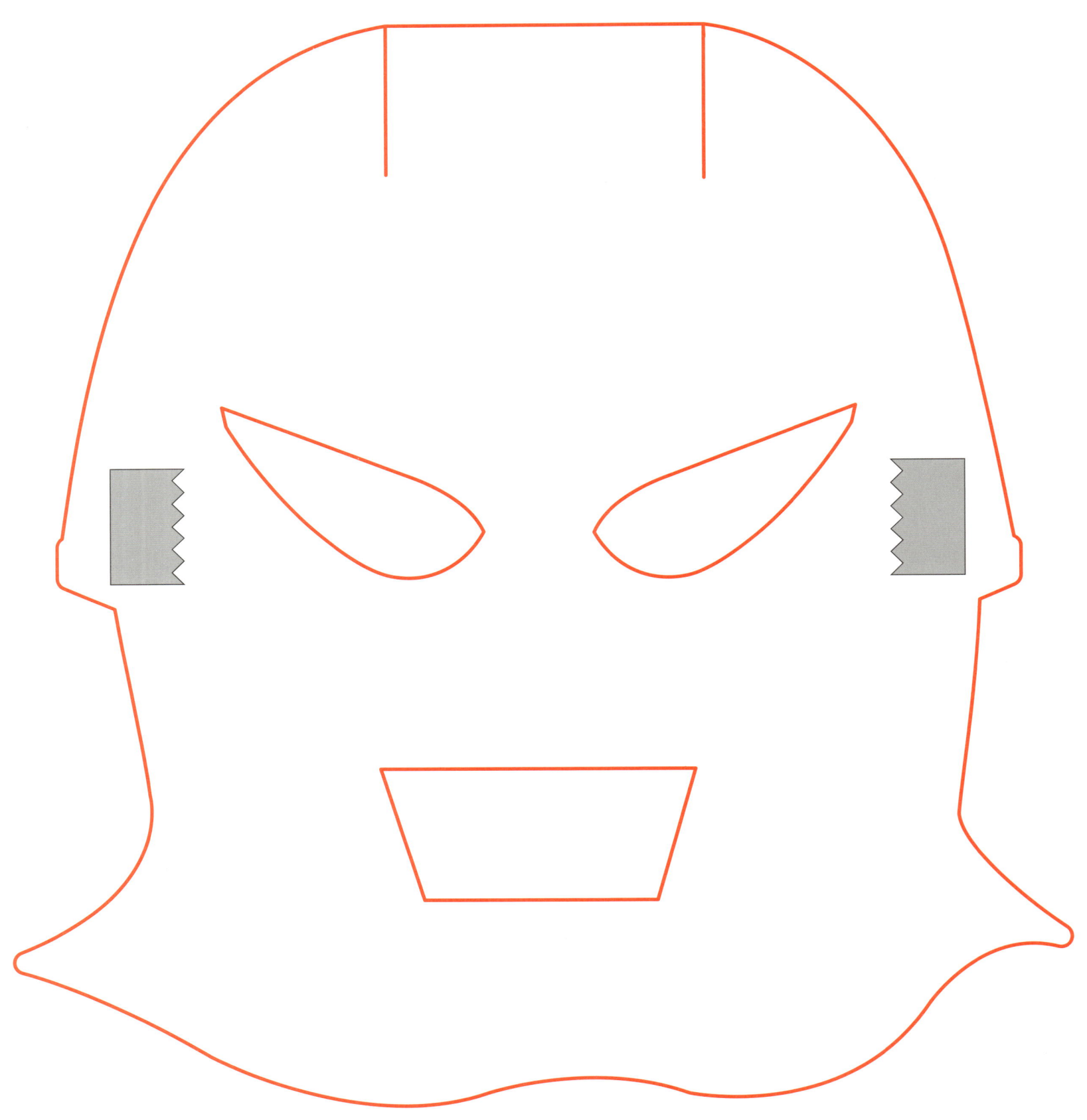

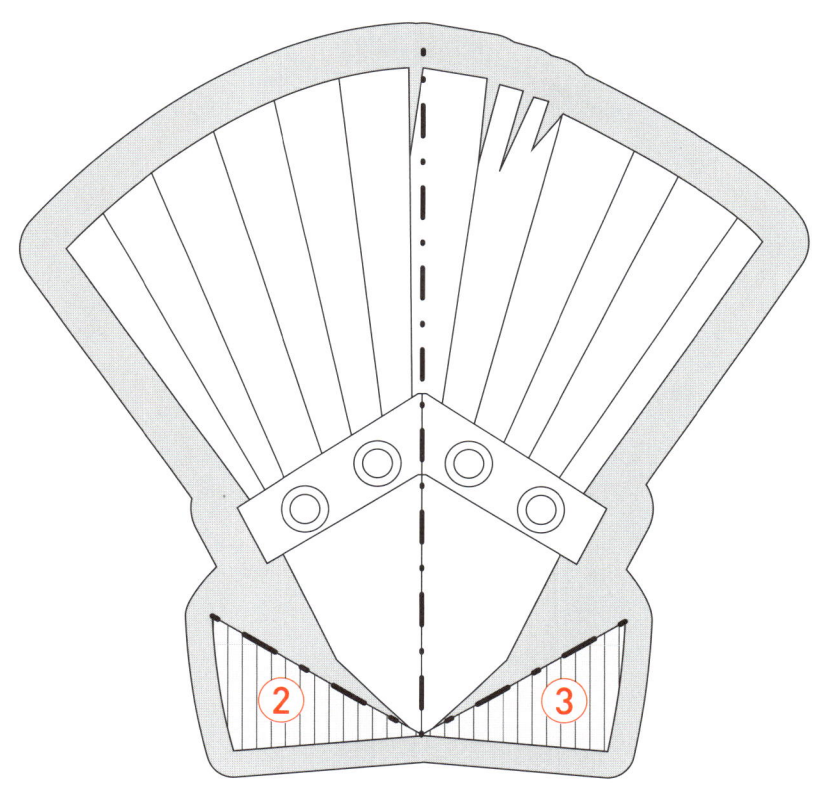

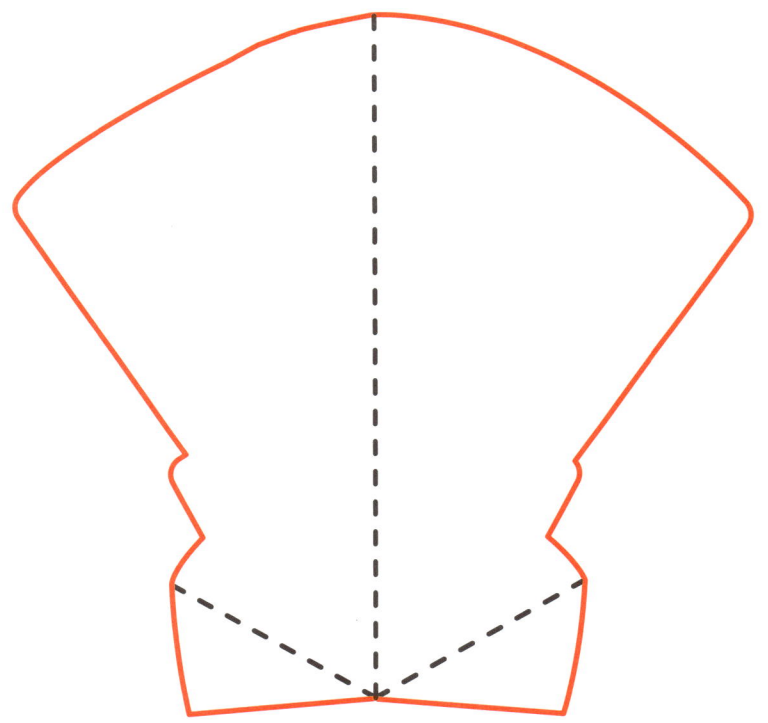

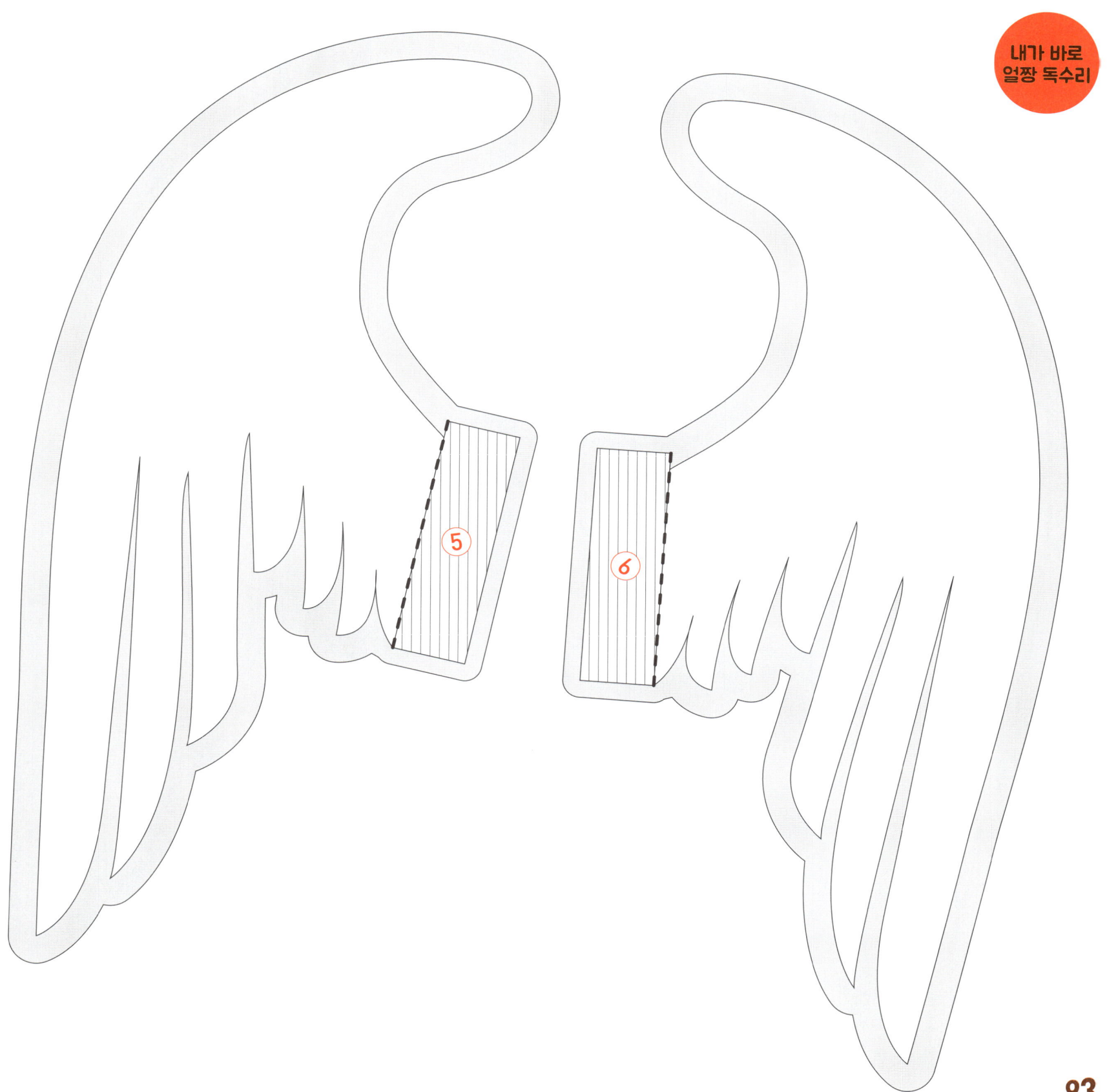

내가 바로
얼짱 독수리

⑤

⑥

93

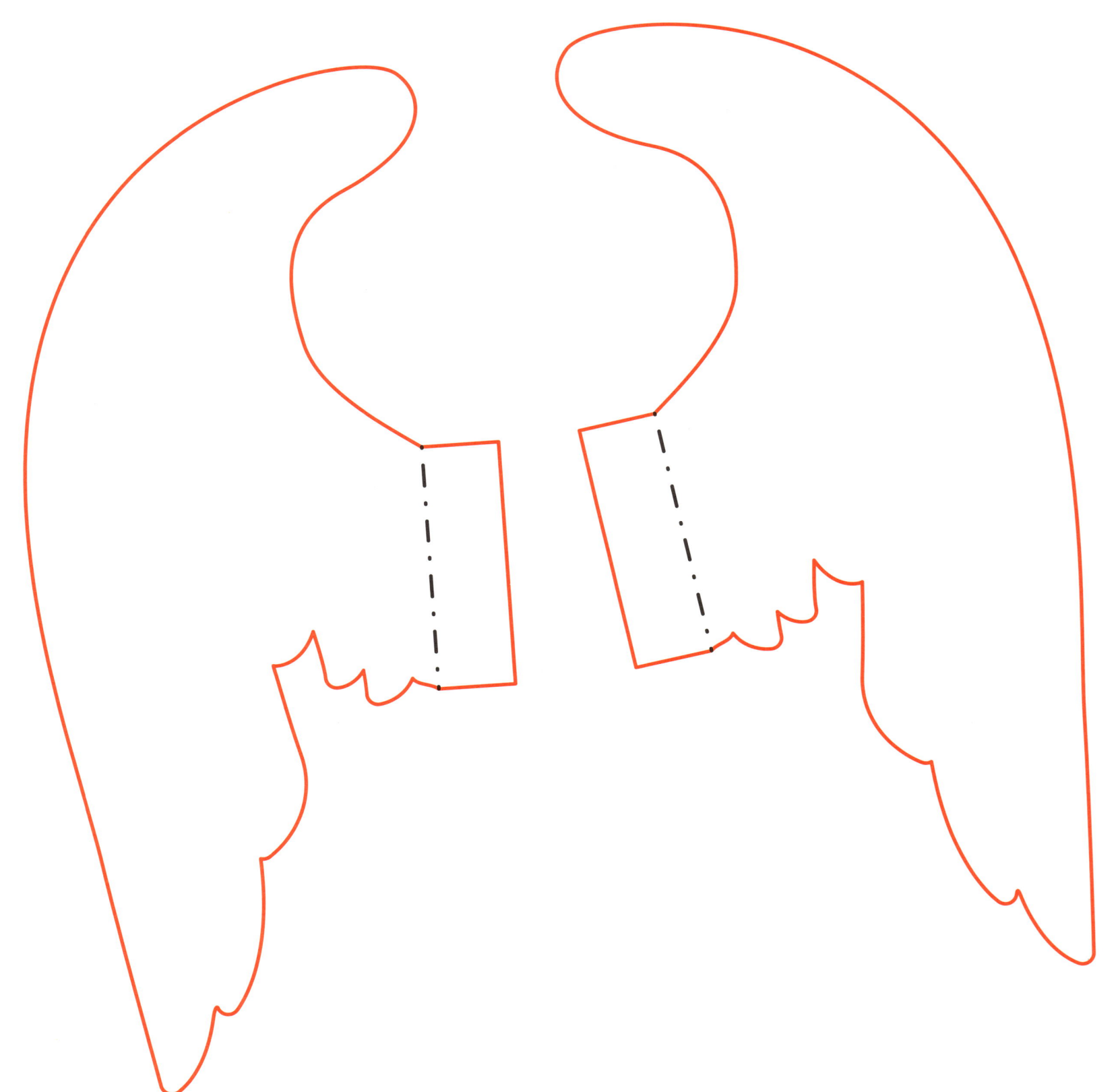

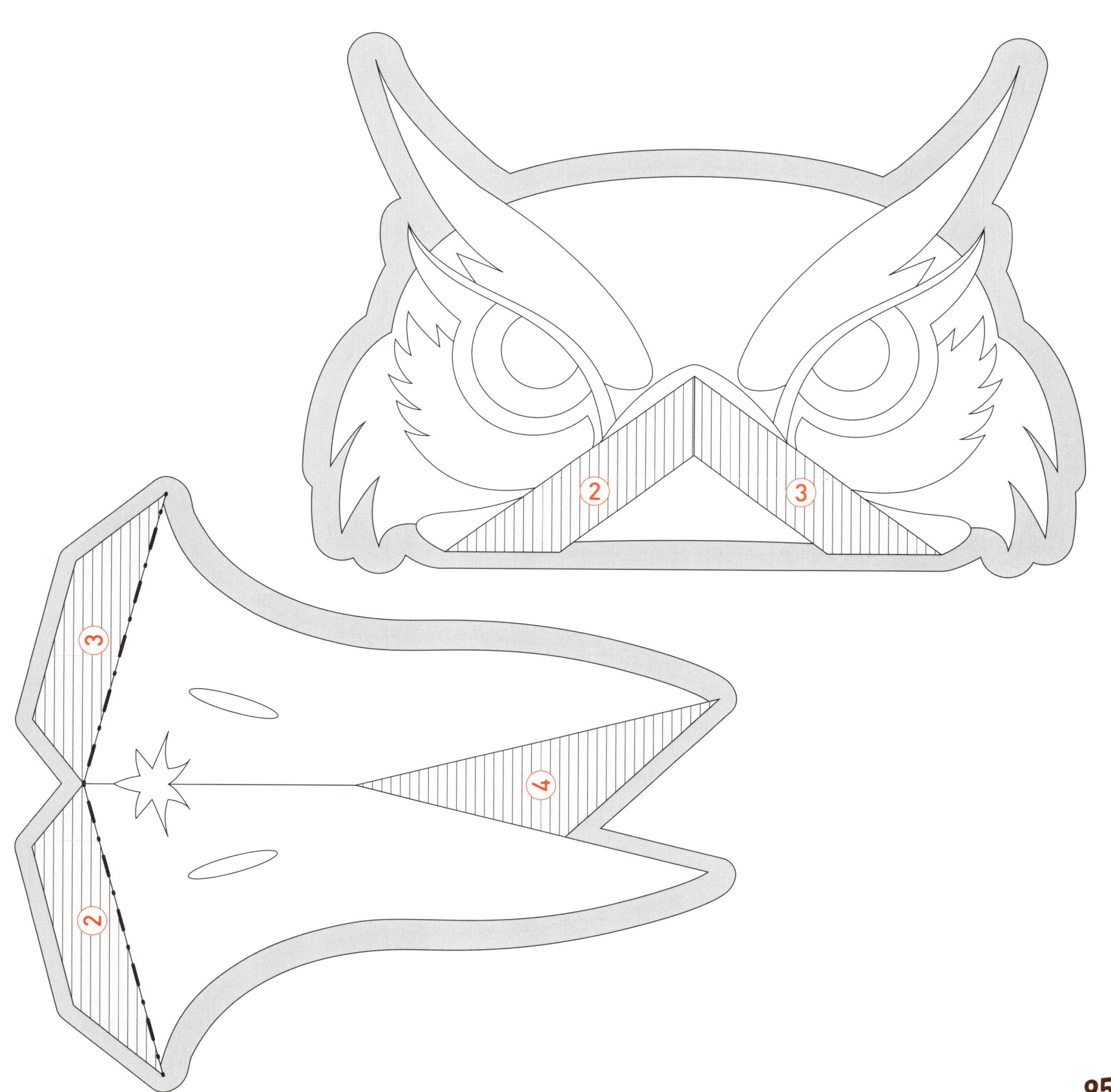

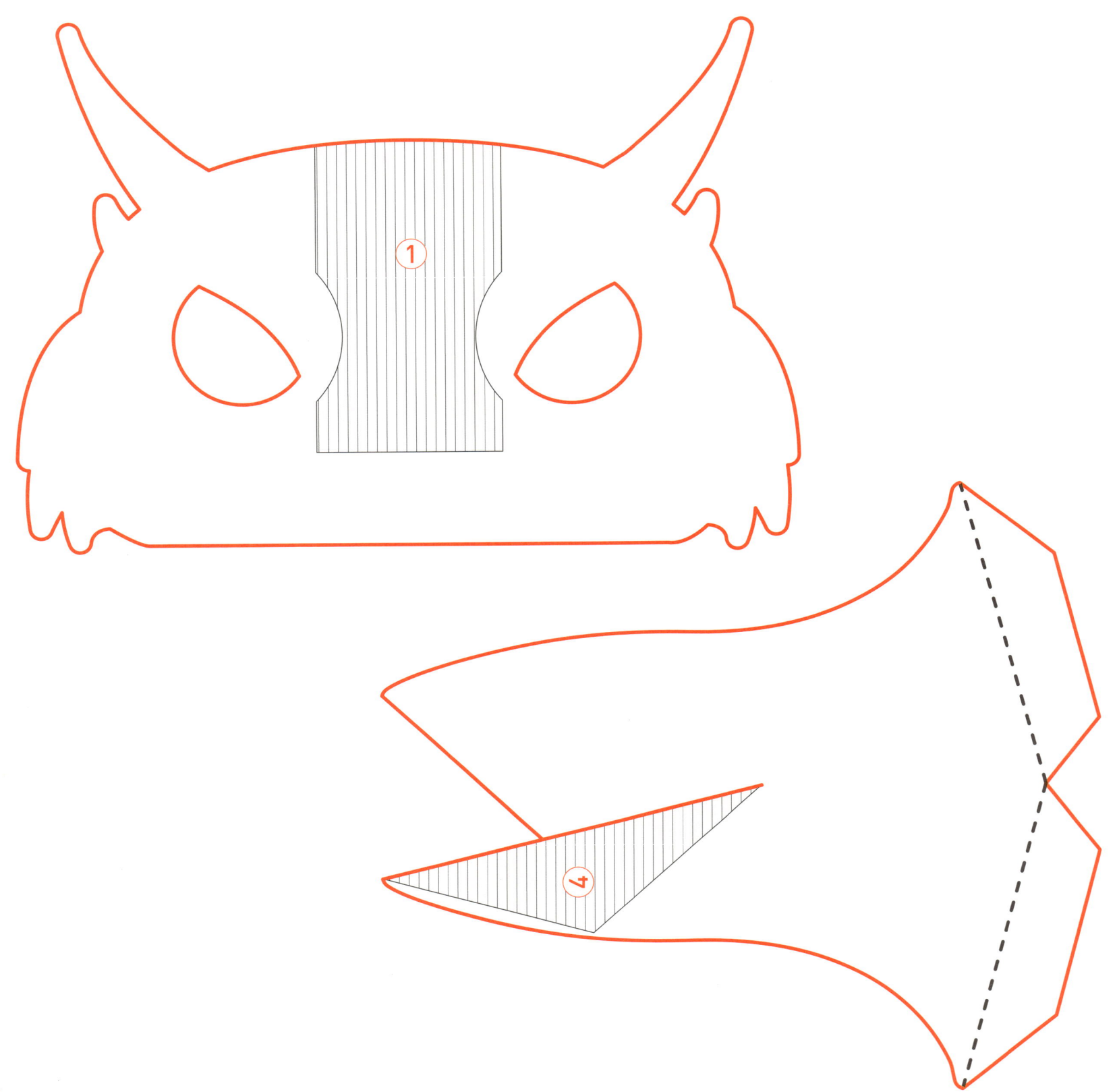

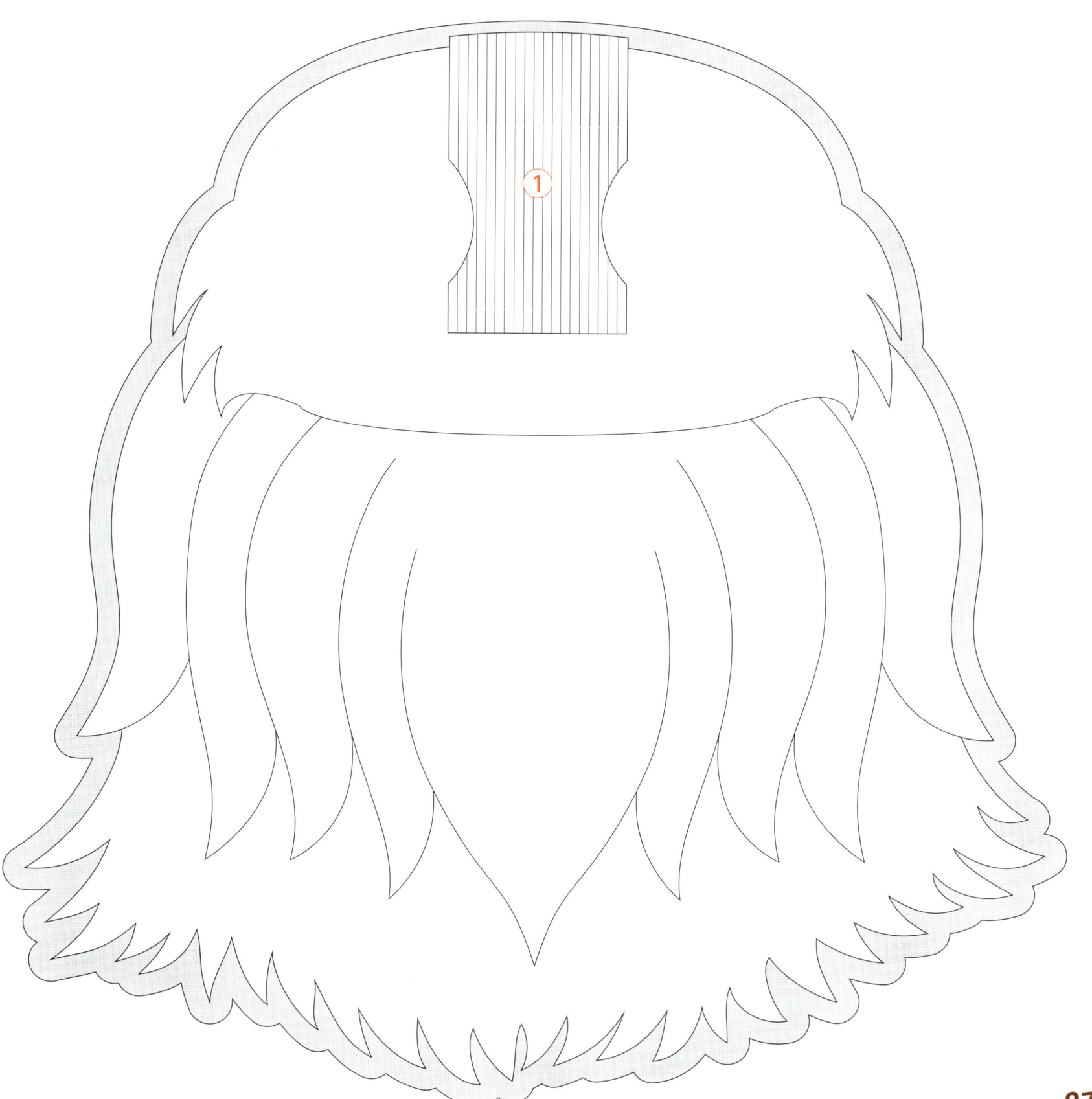

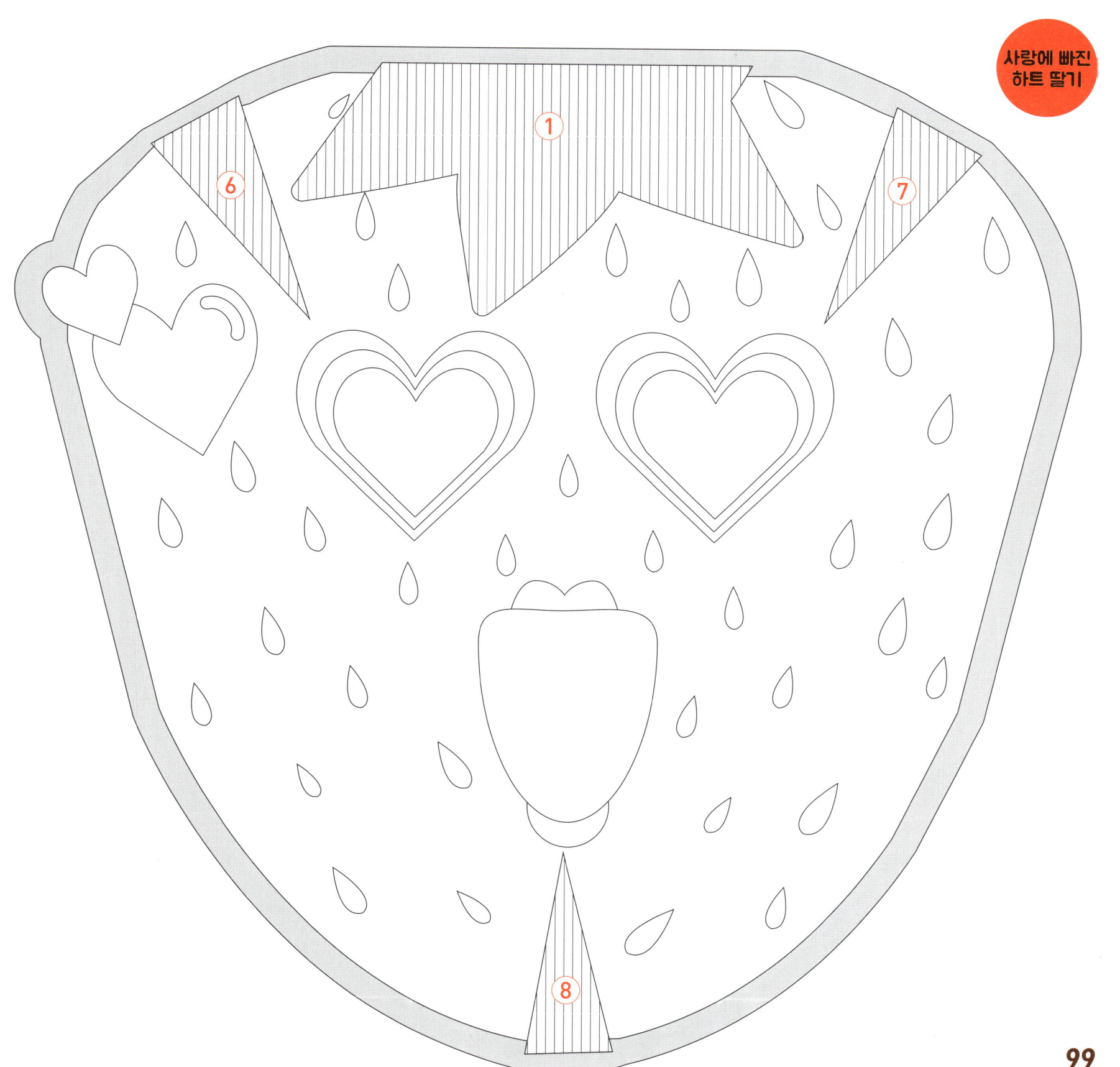

사랑에 빠진
하트 딸기

99

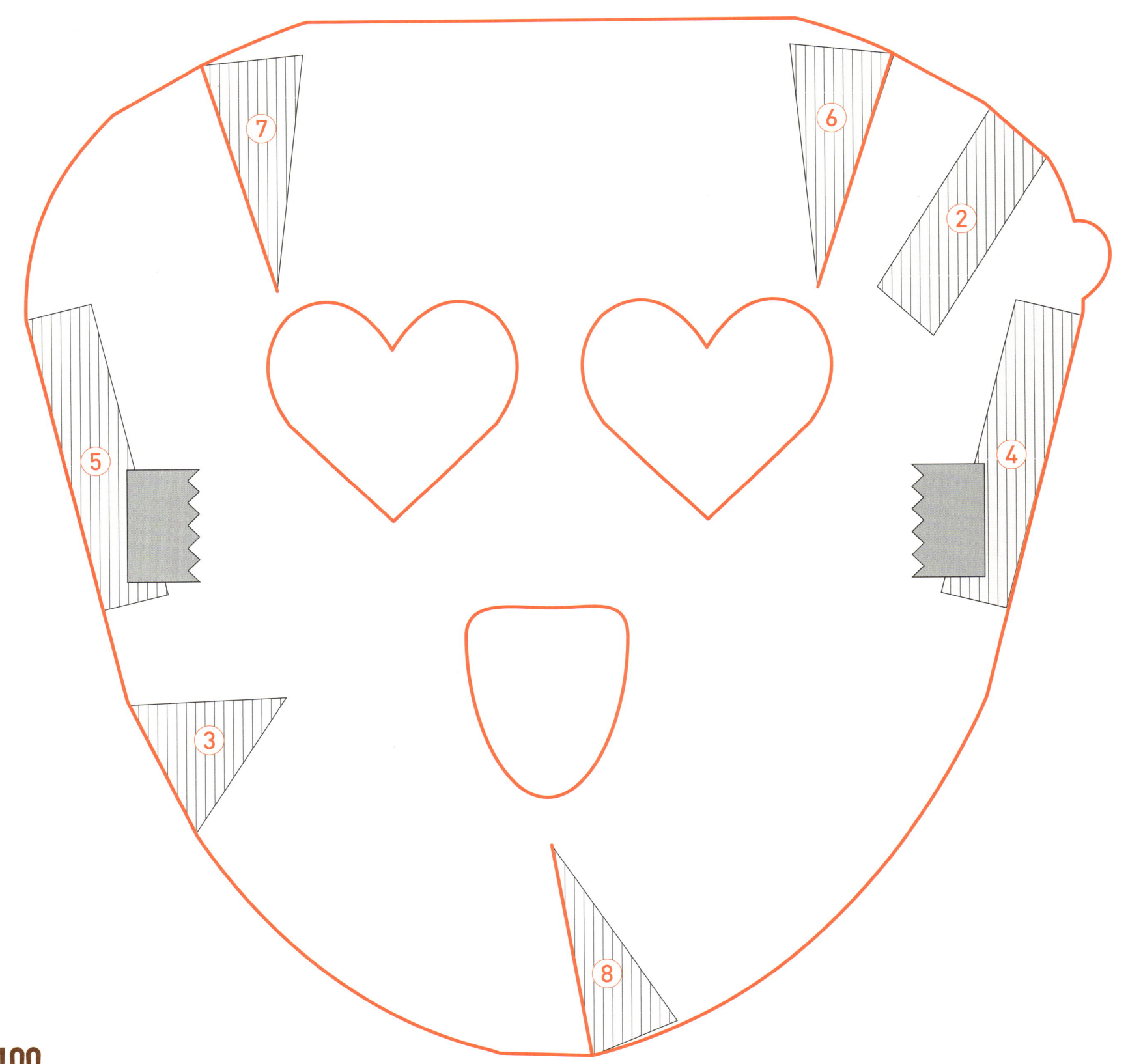

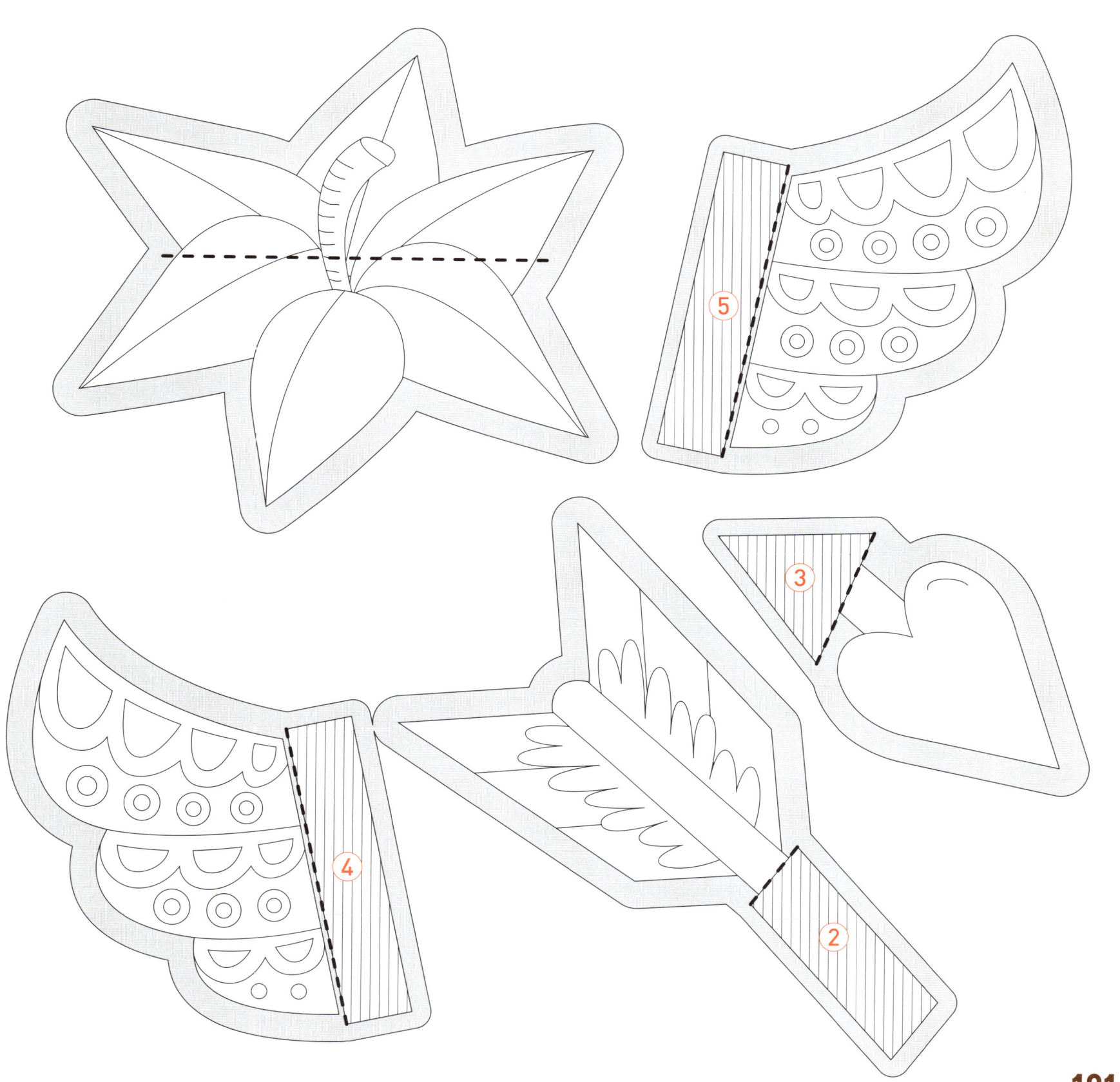

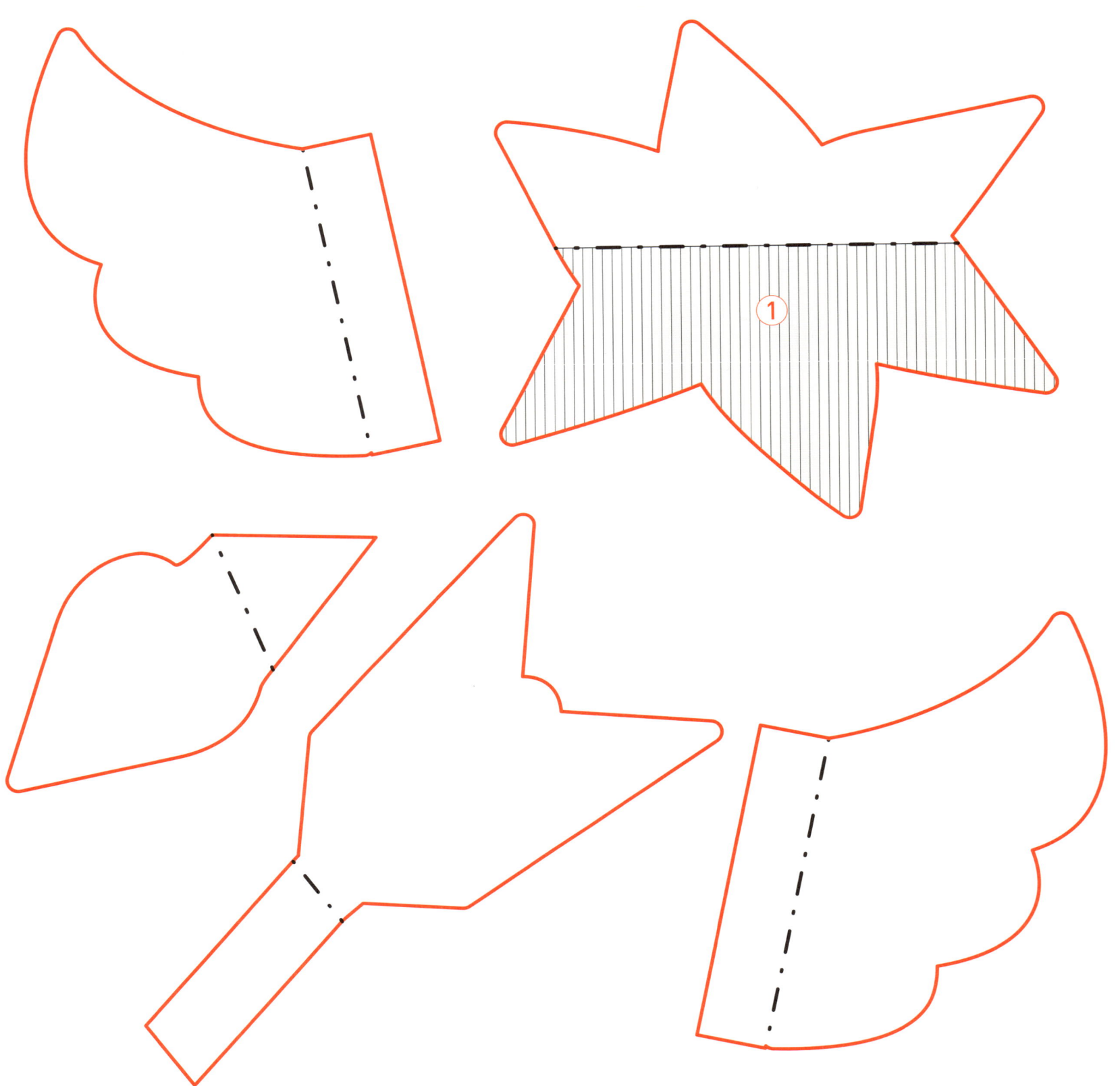

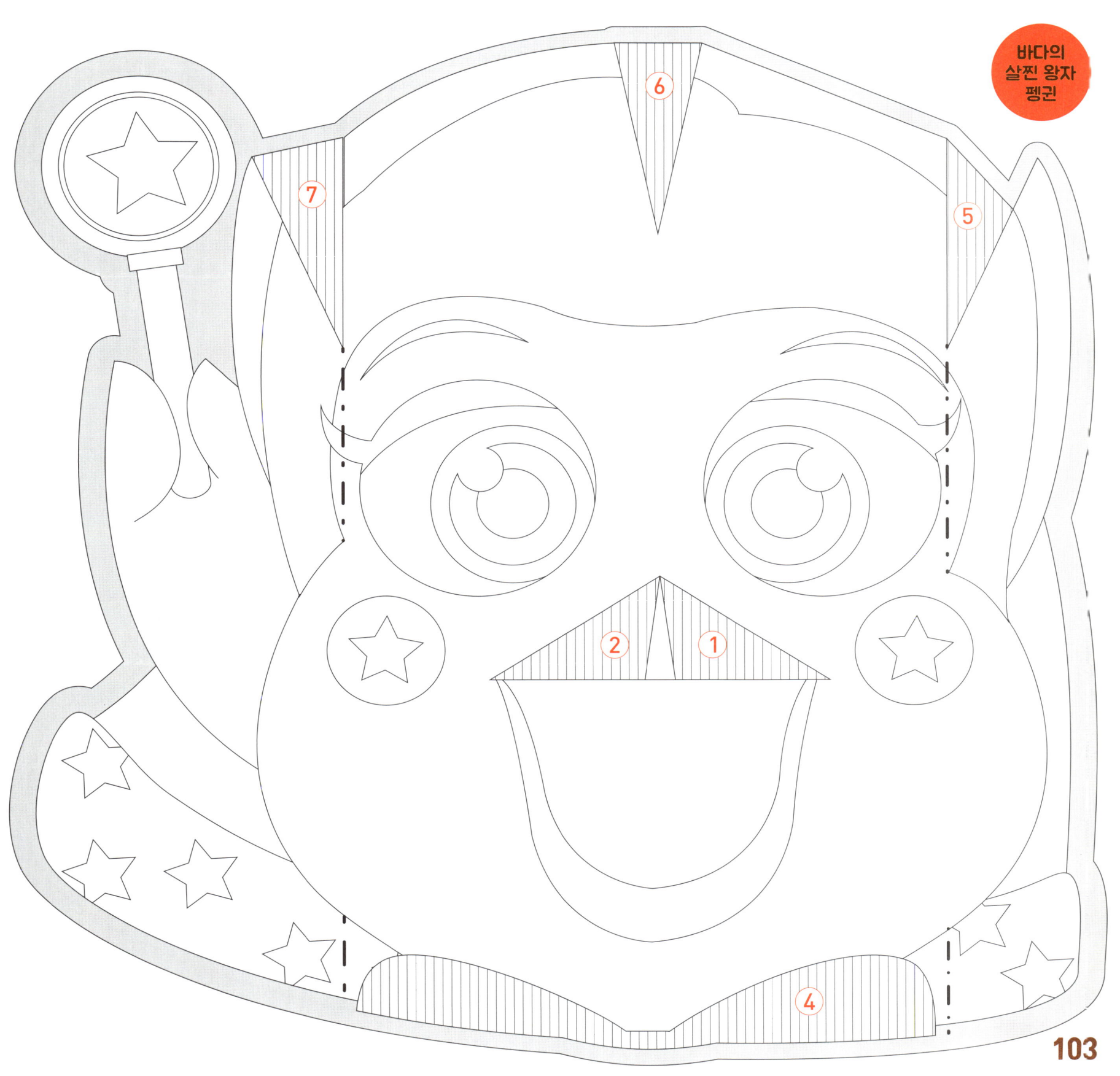

바다의
살찐 왕자
펭귄

103

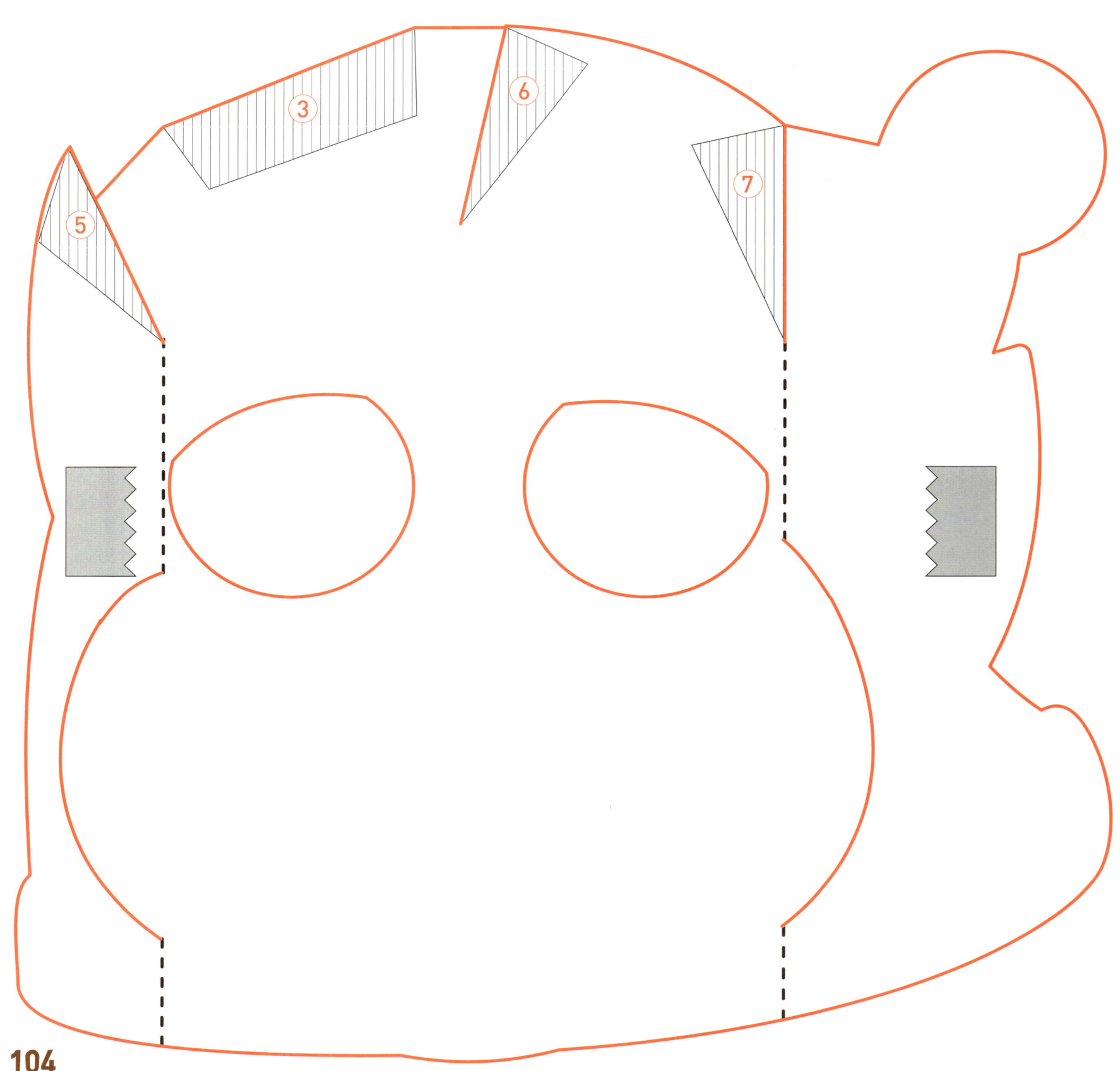

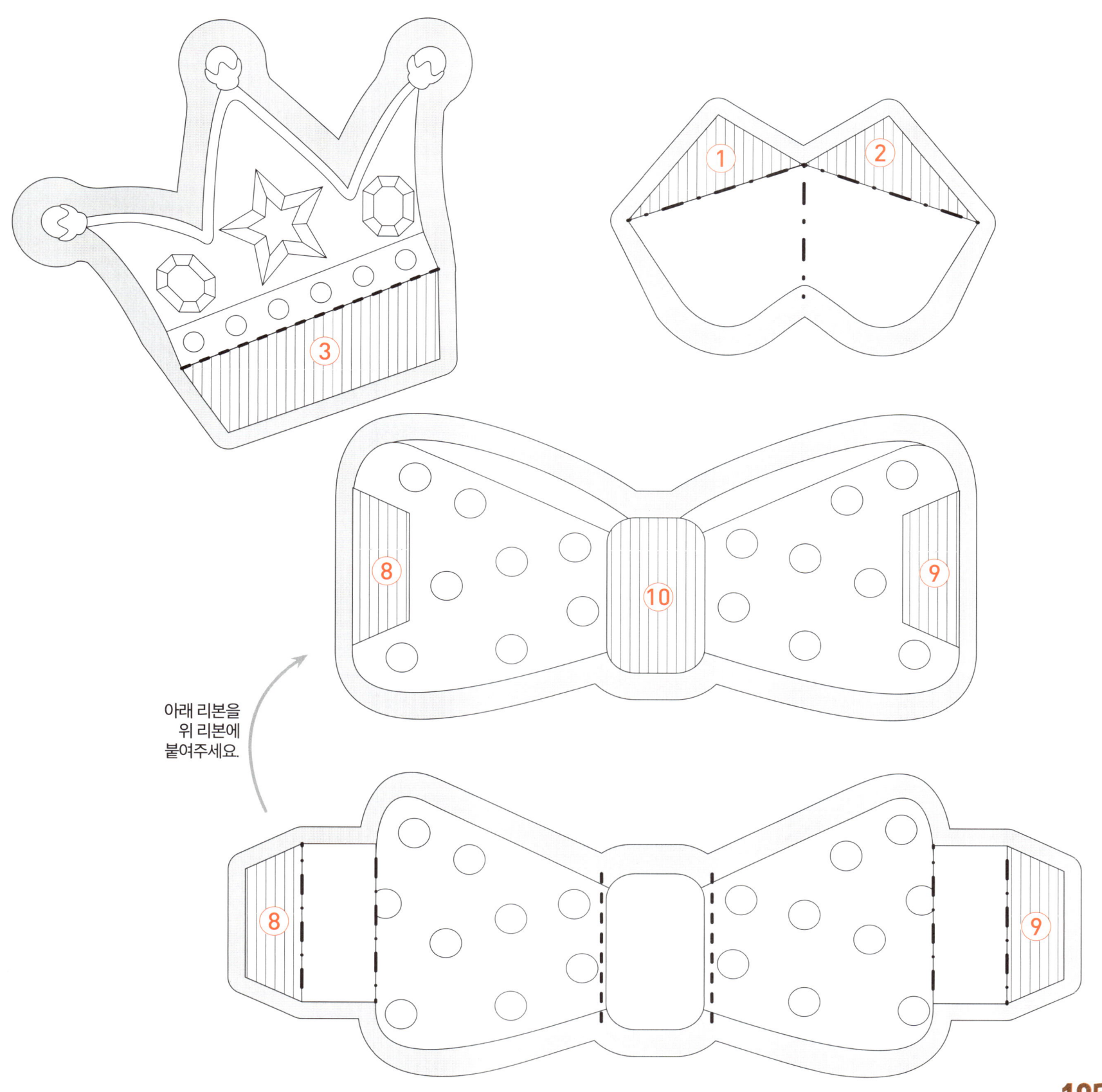

아래 리본을
위 리본에
붙여주세요.

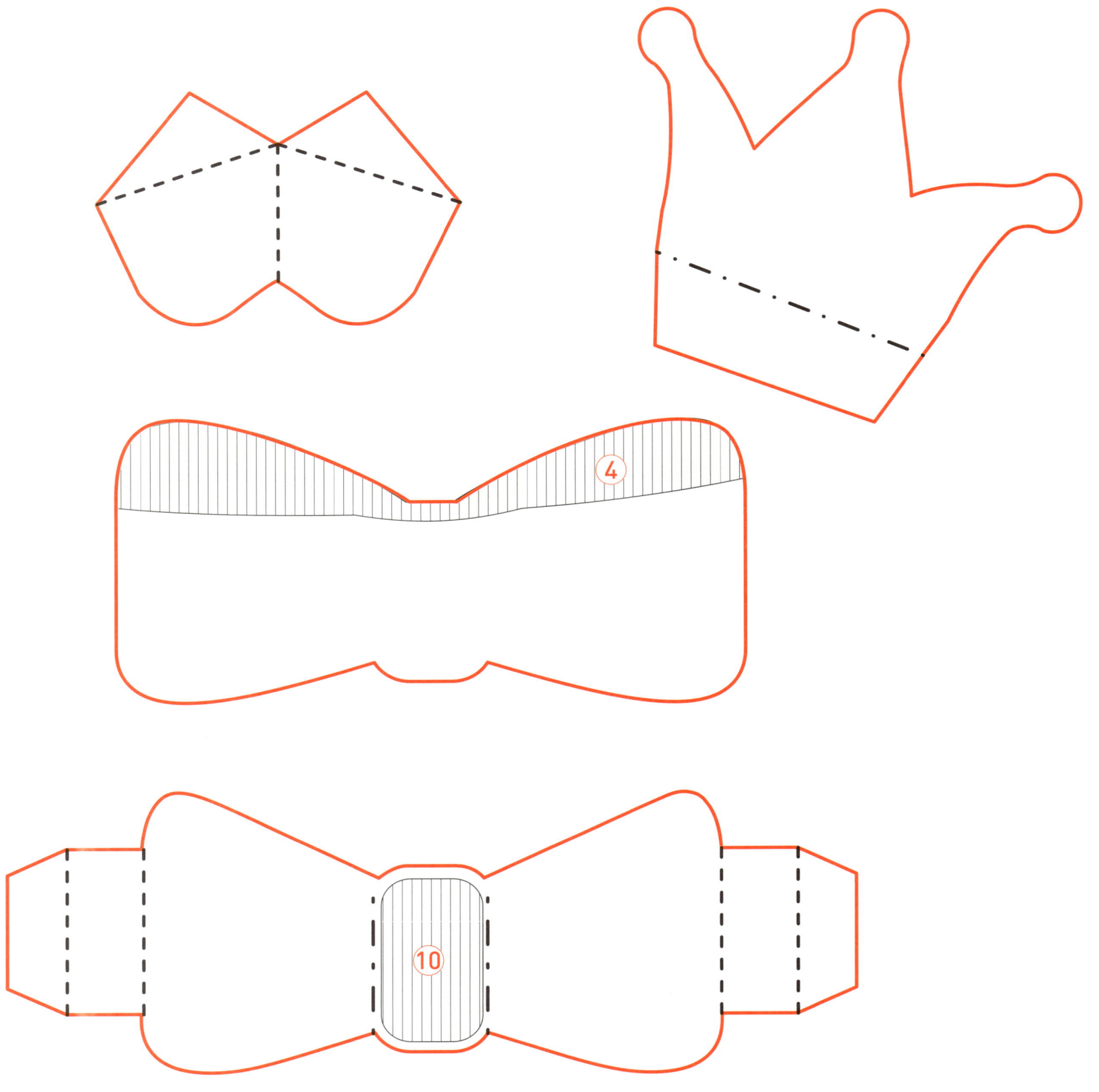

파티의
전설
크림케이크

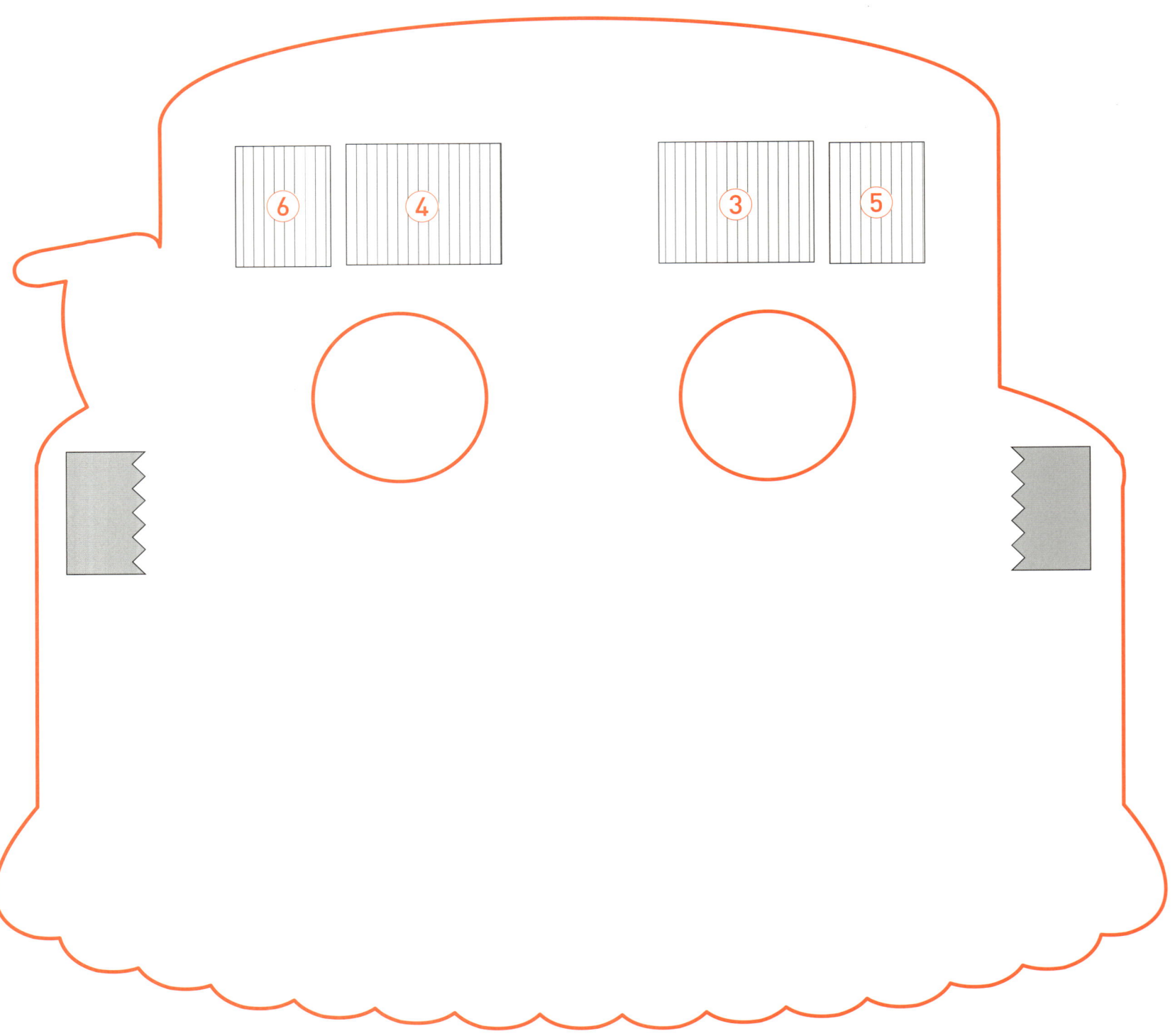

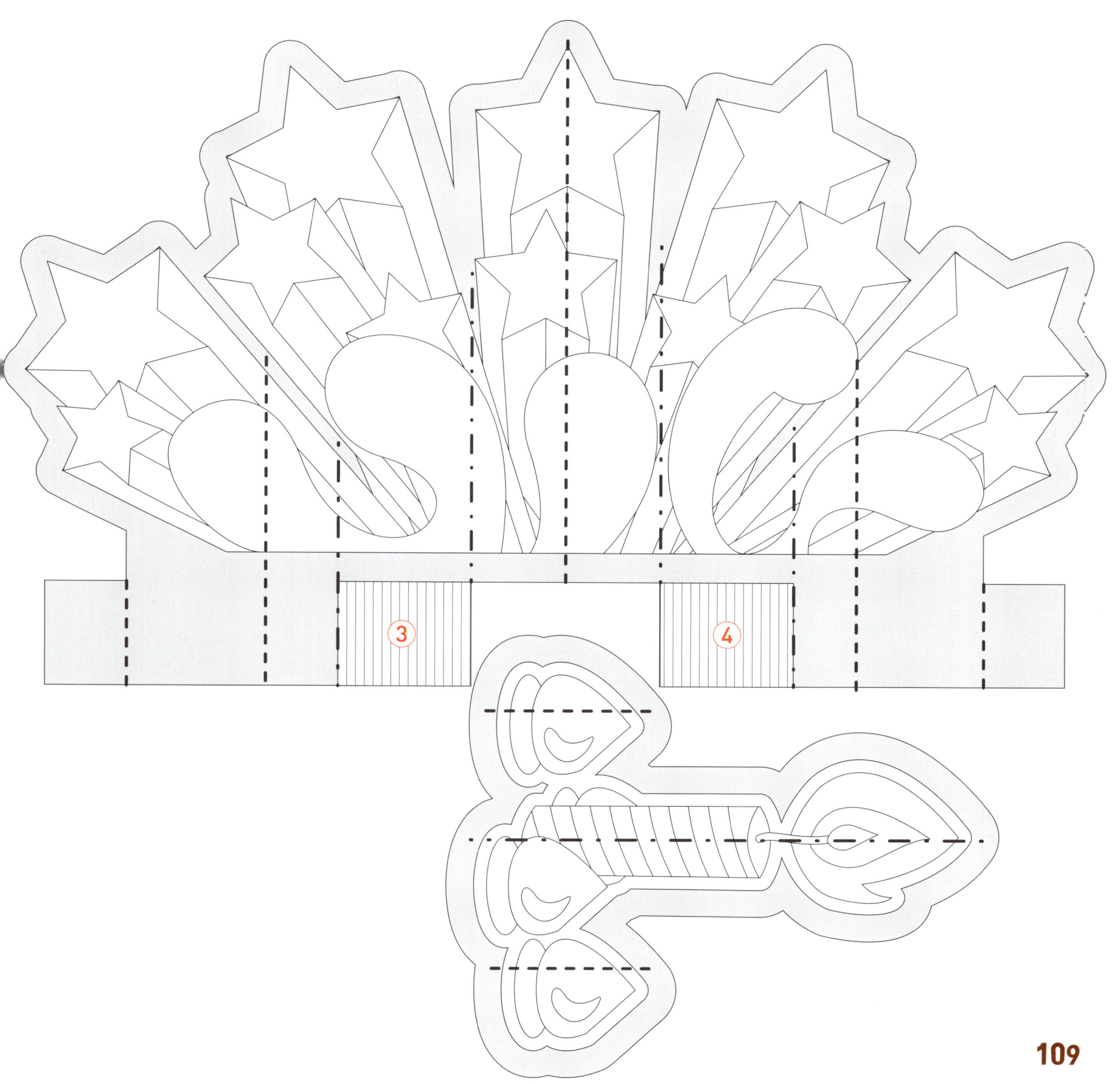

3

4

109

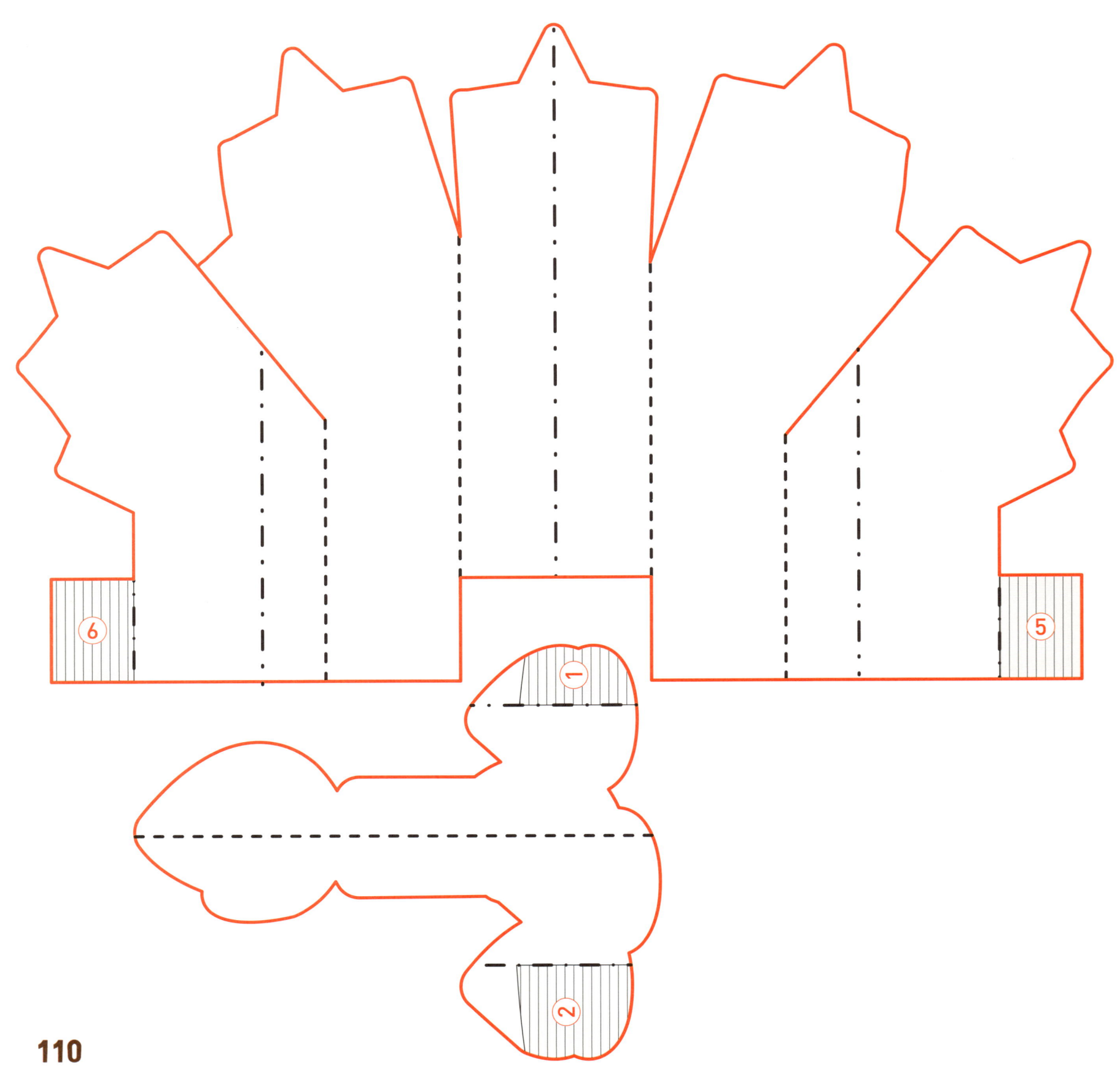

허당 매력
허수아비

111

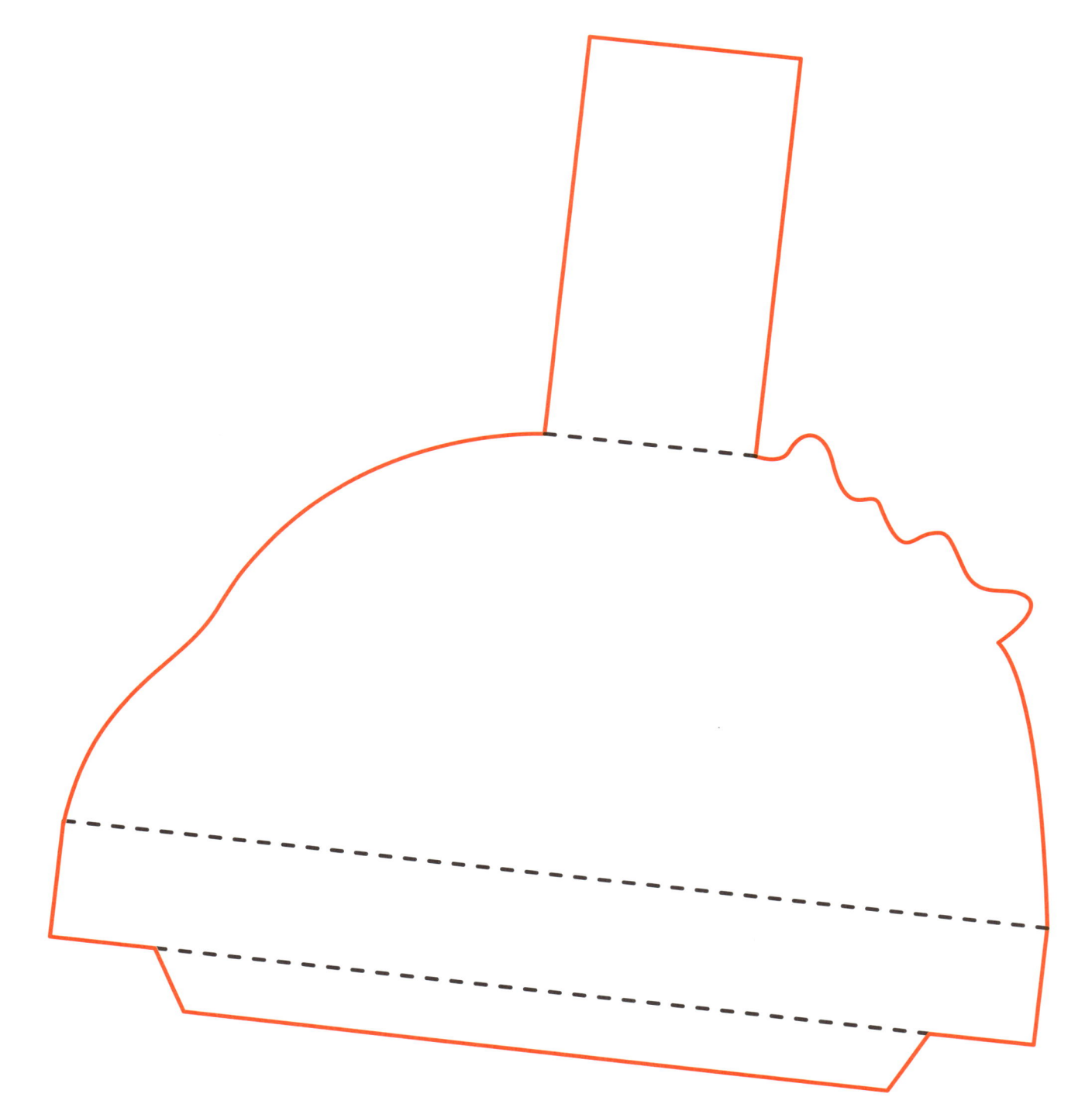

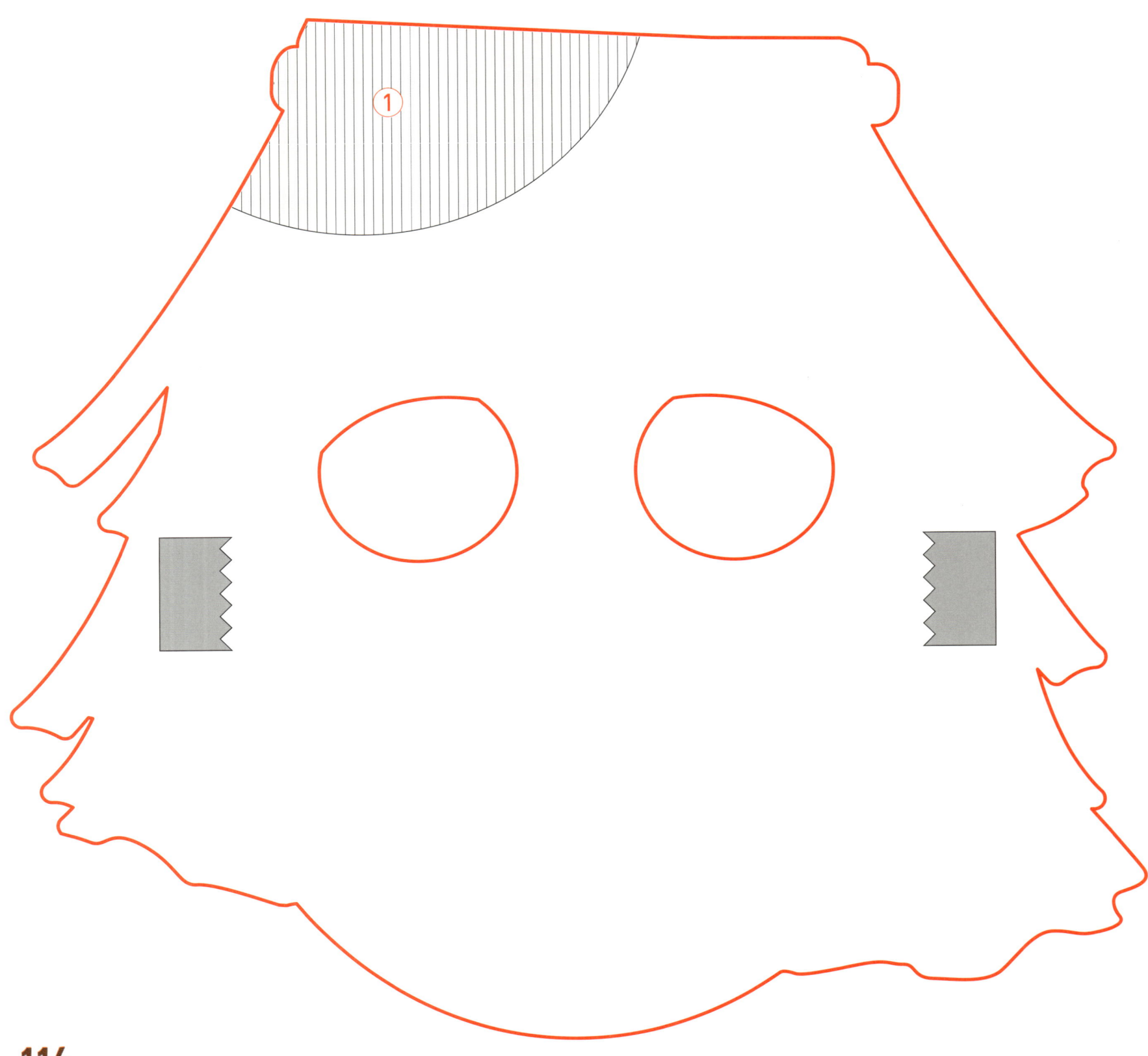

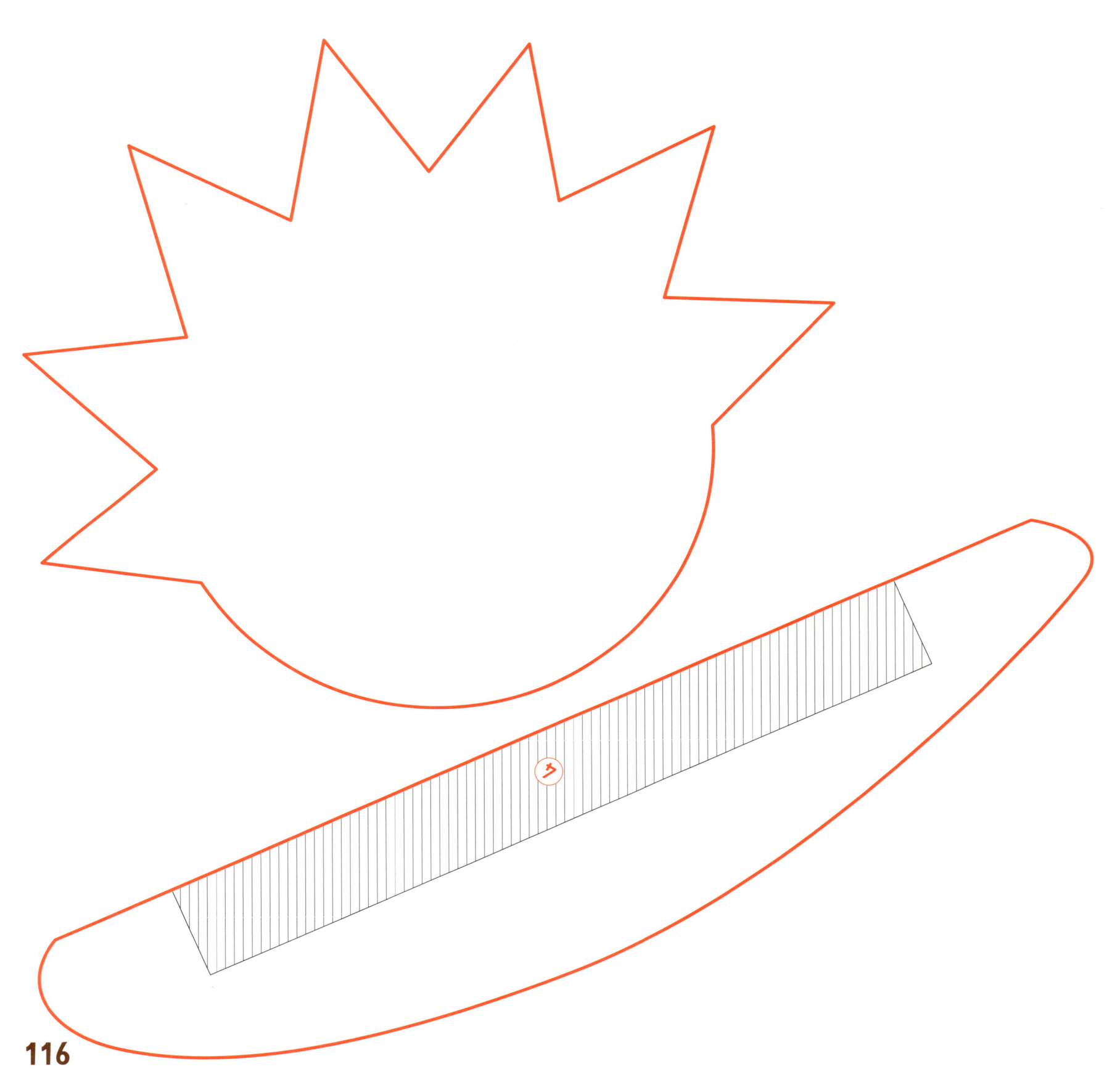

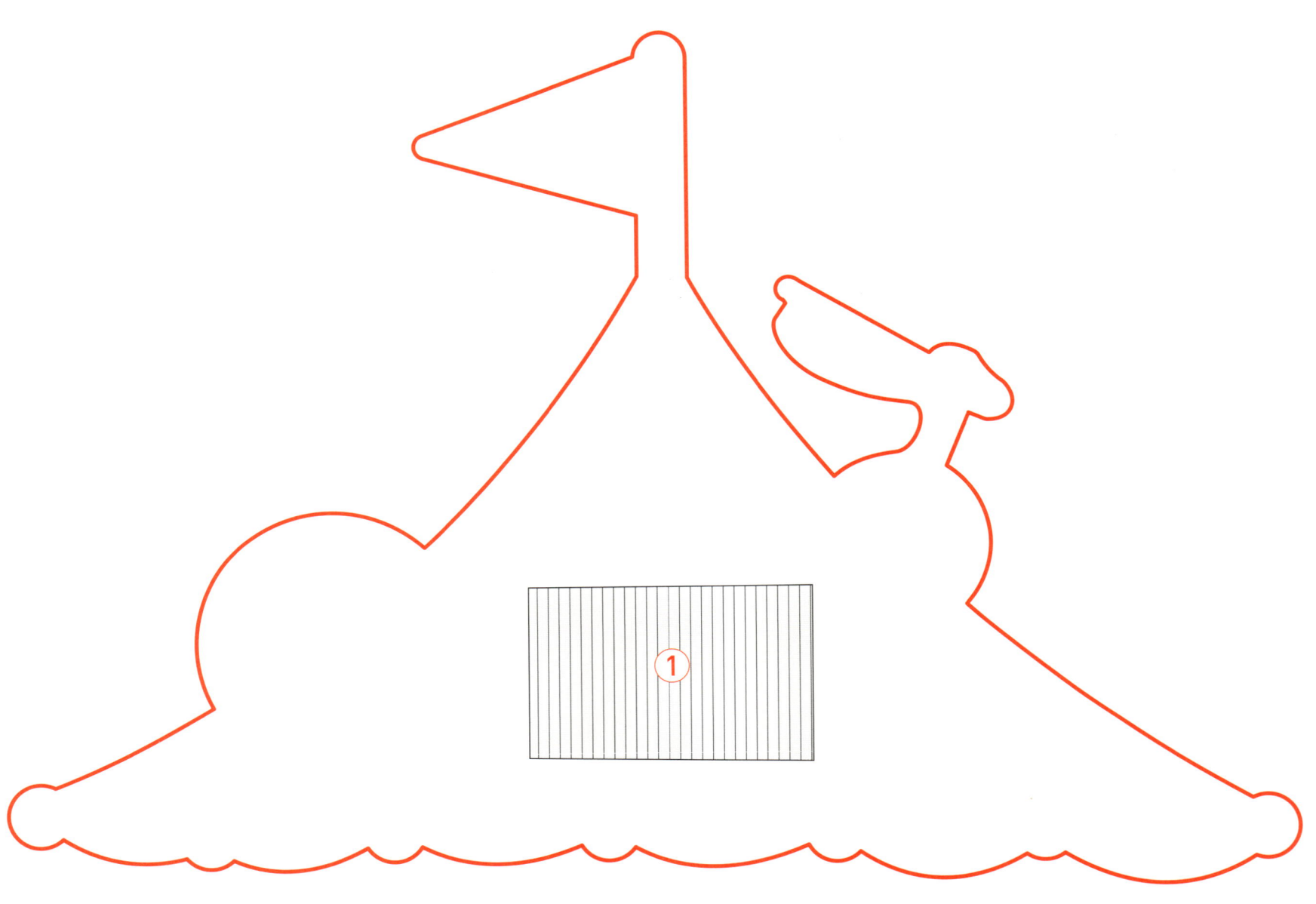

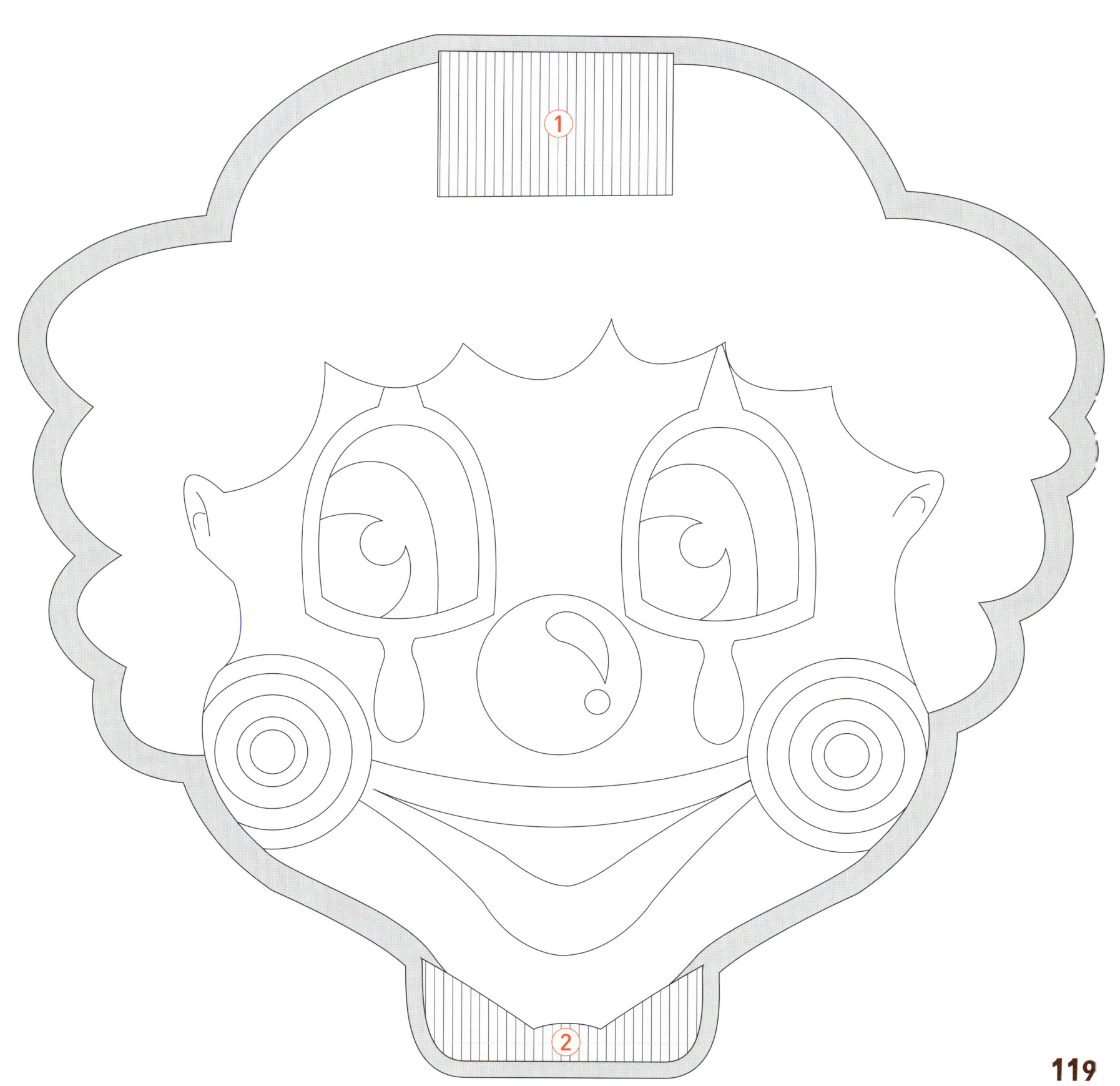

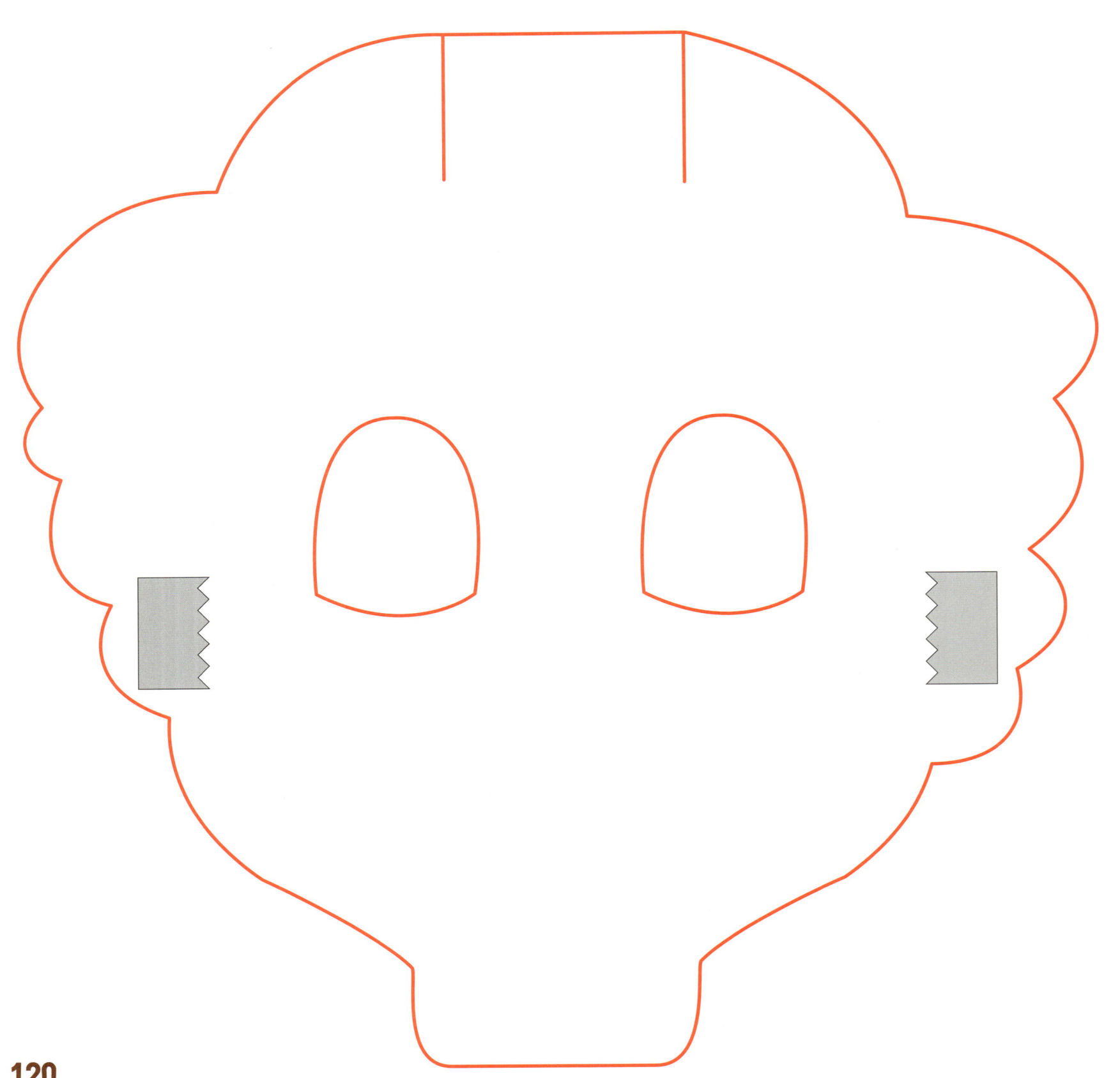

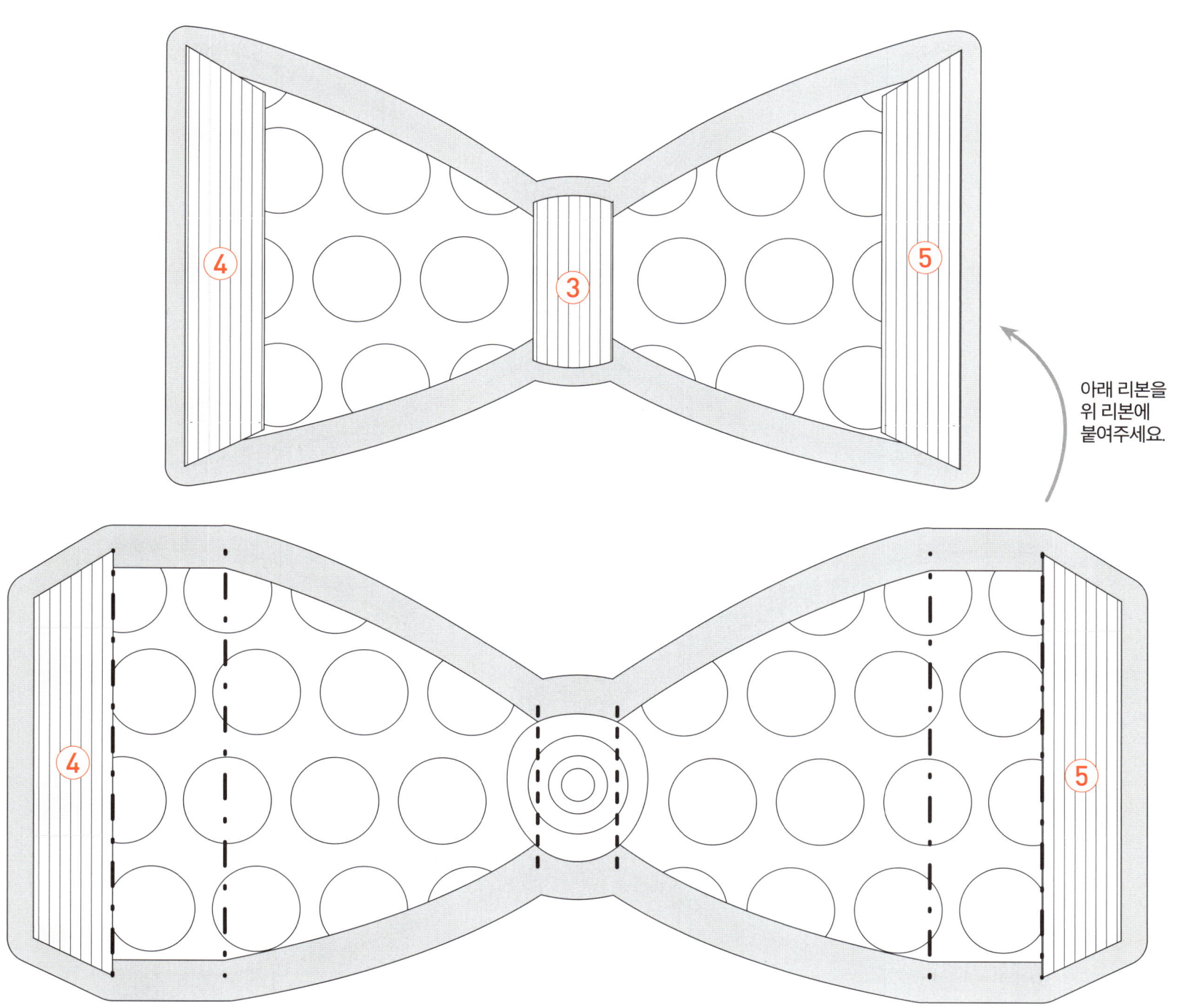

아래 리본을
위 리본에
붙여주세요.

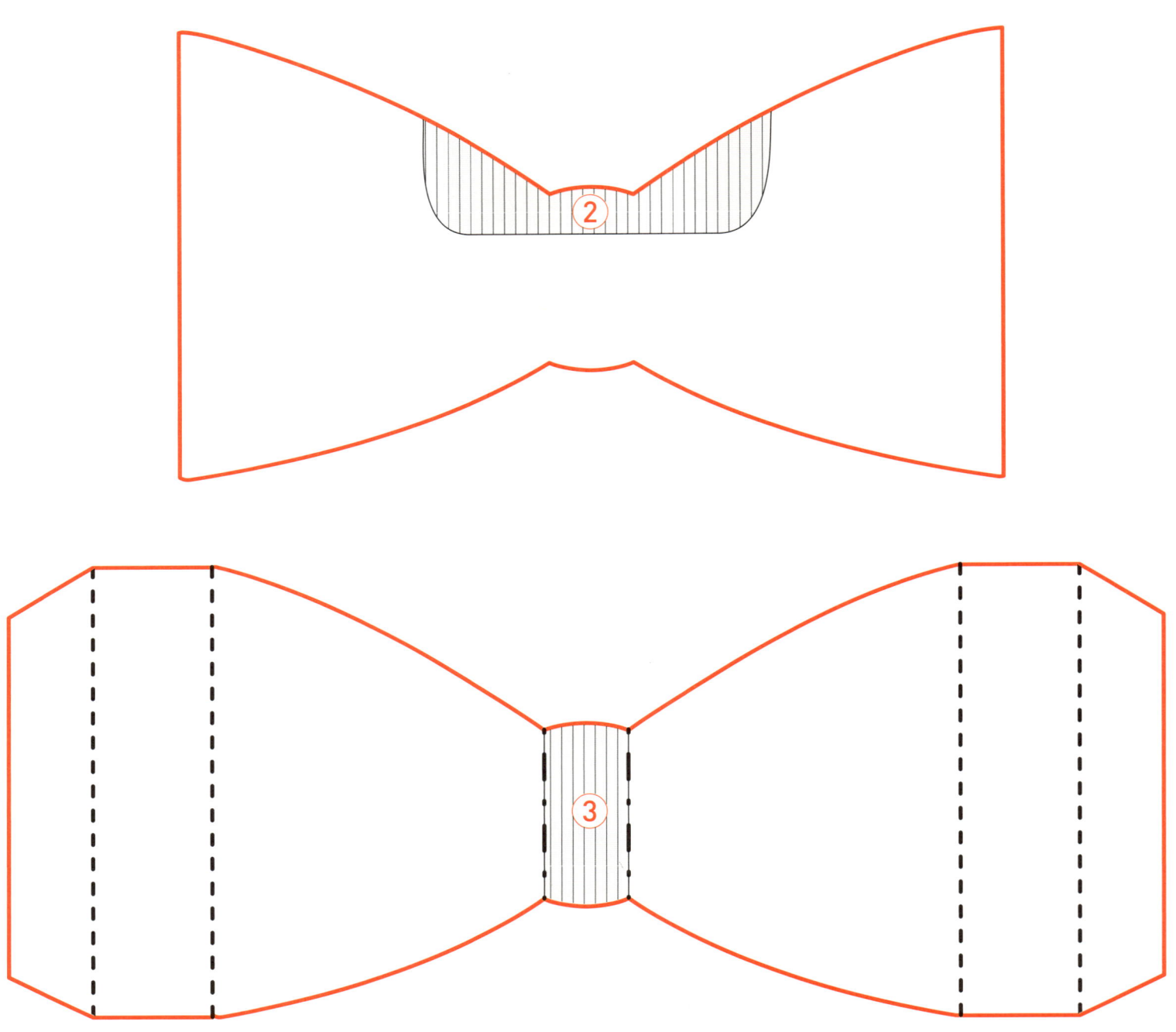

공중부양
날아라 로켓

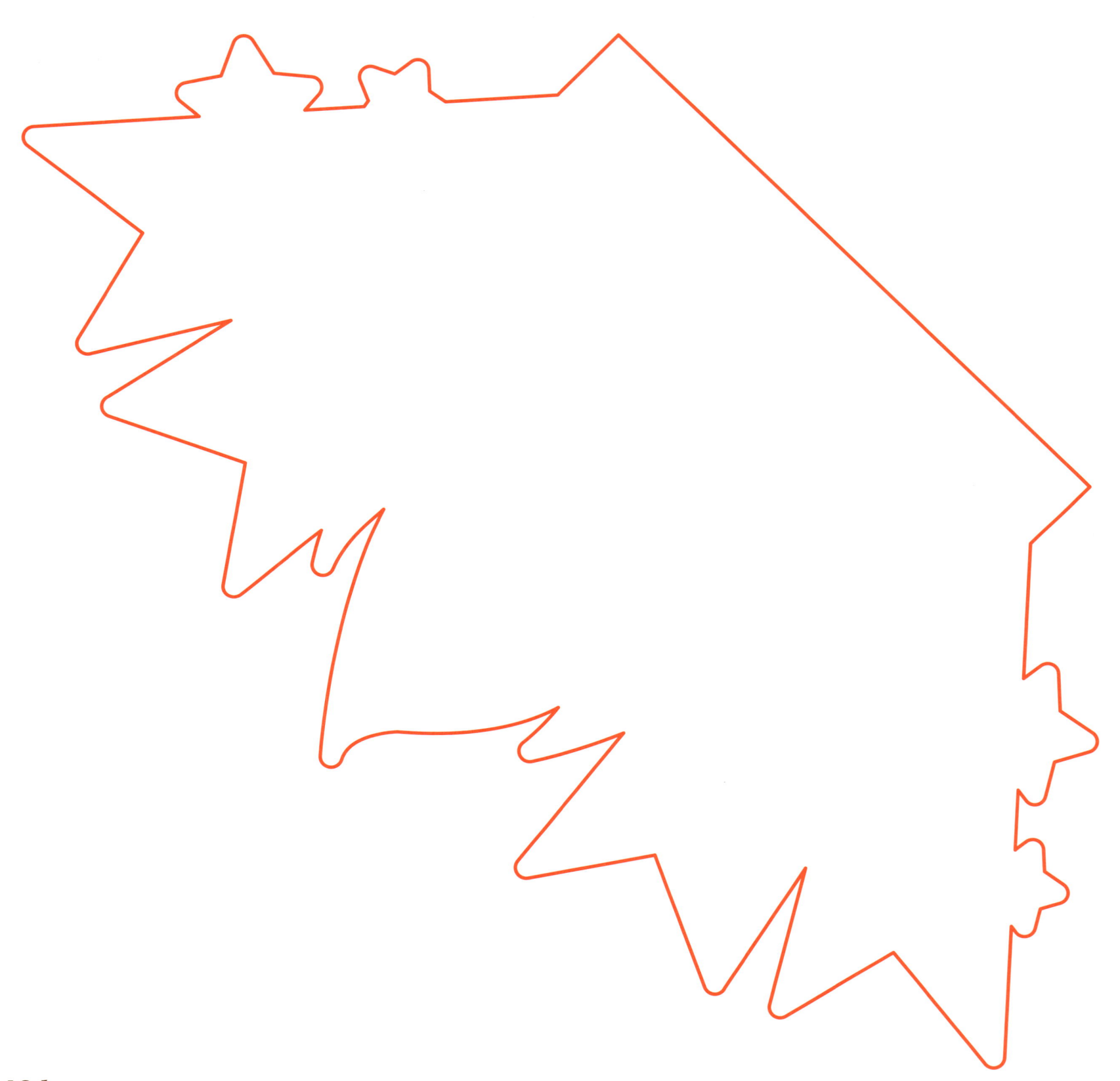

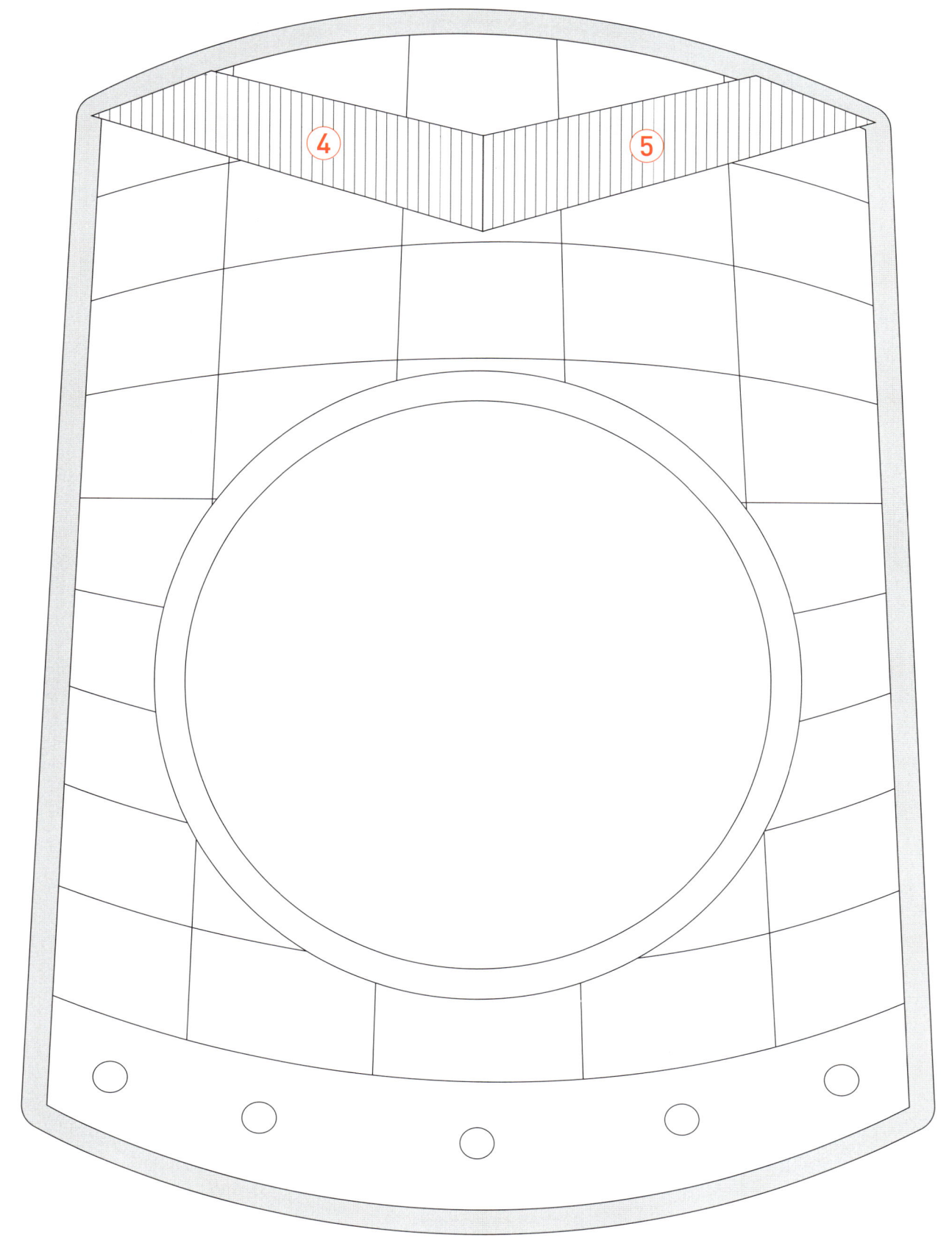

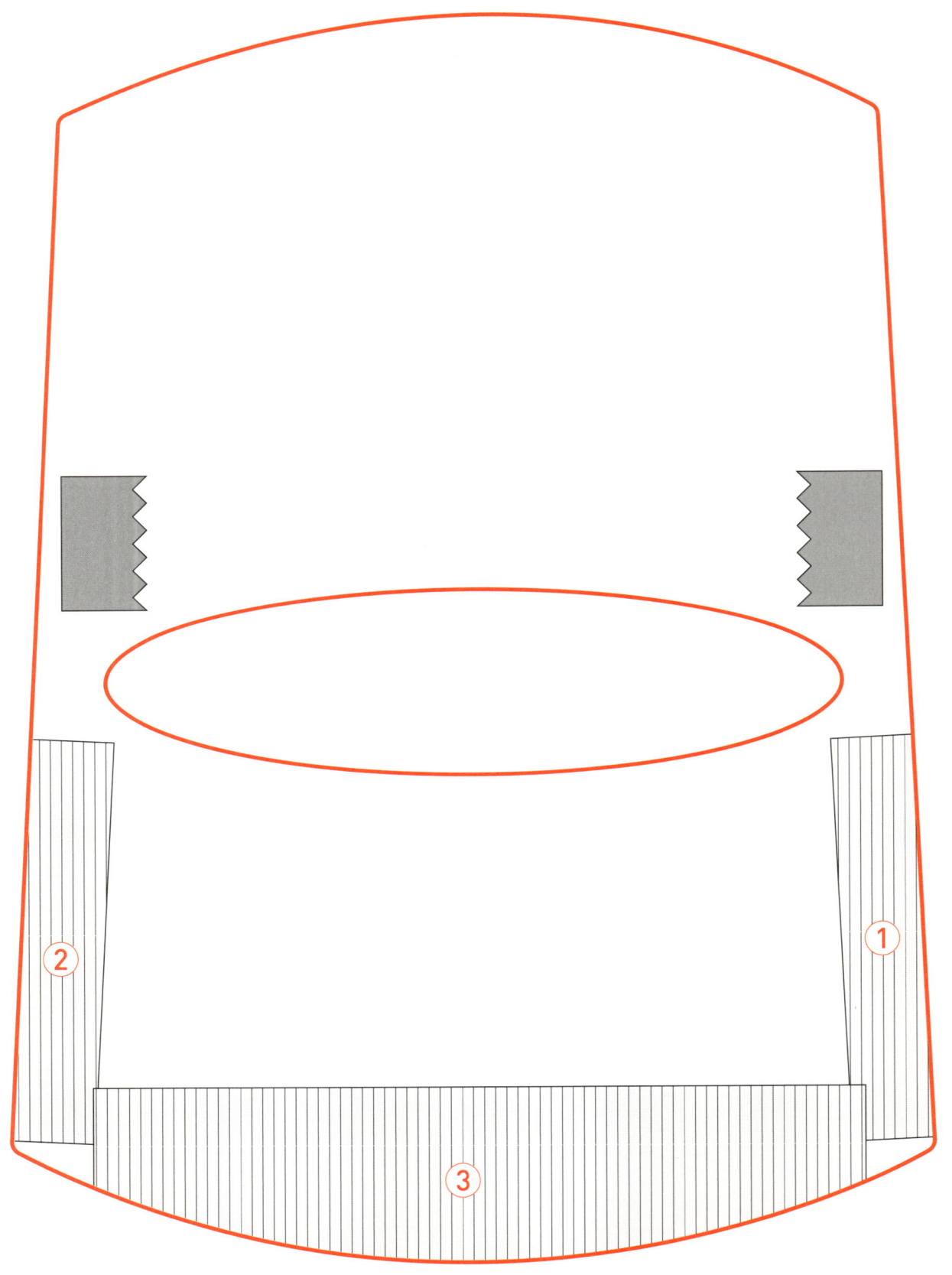

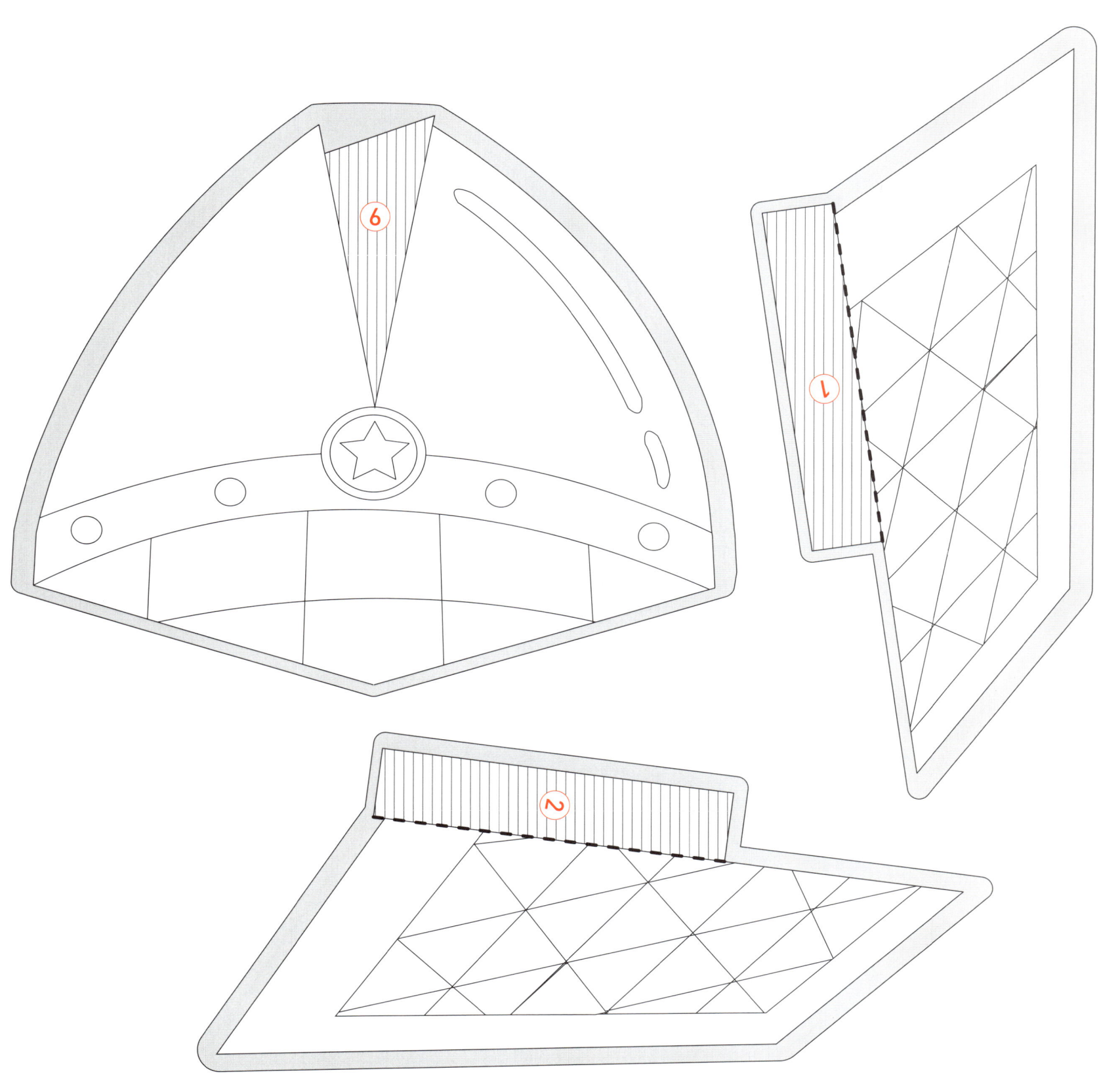

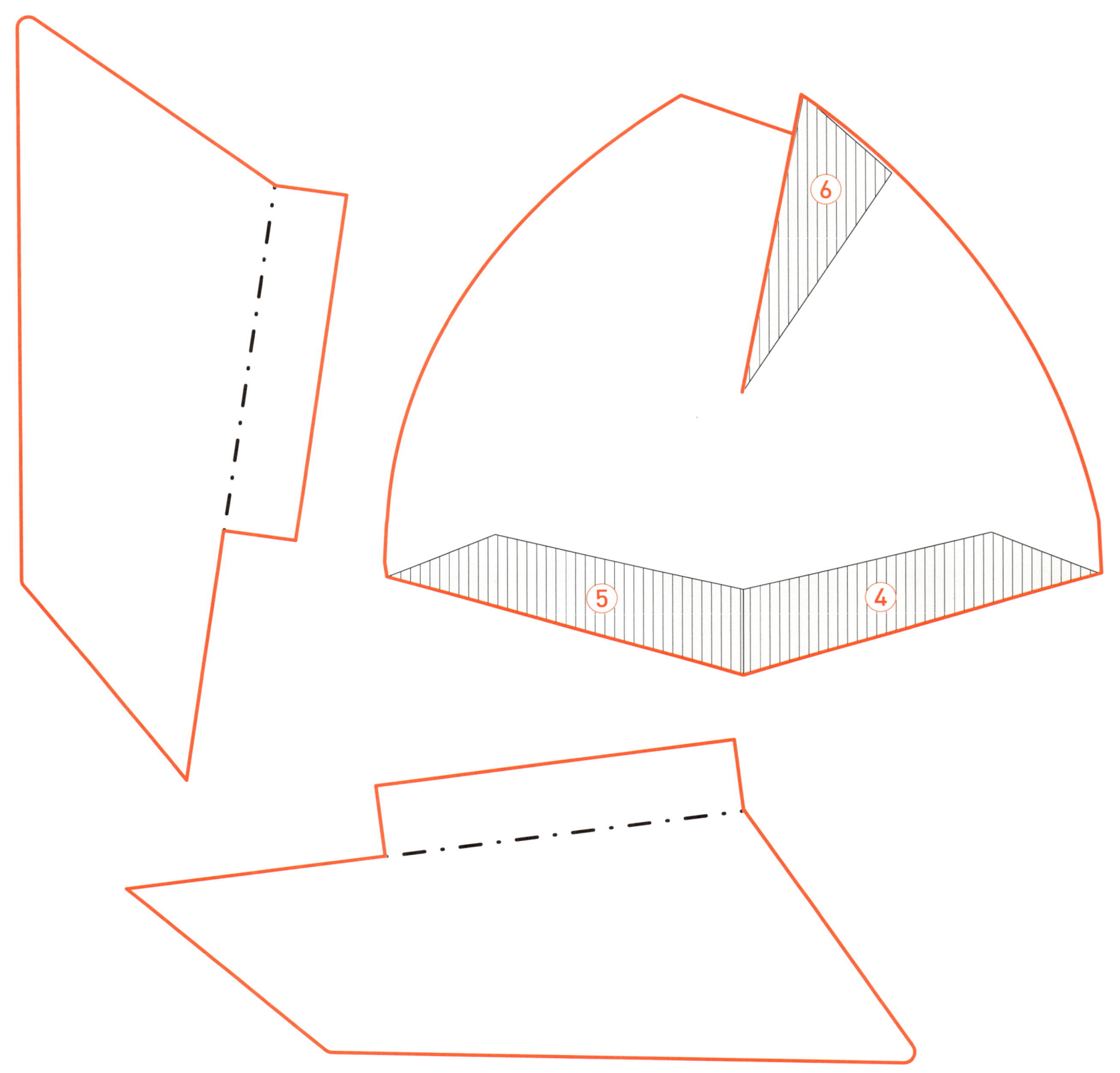

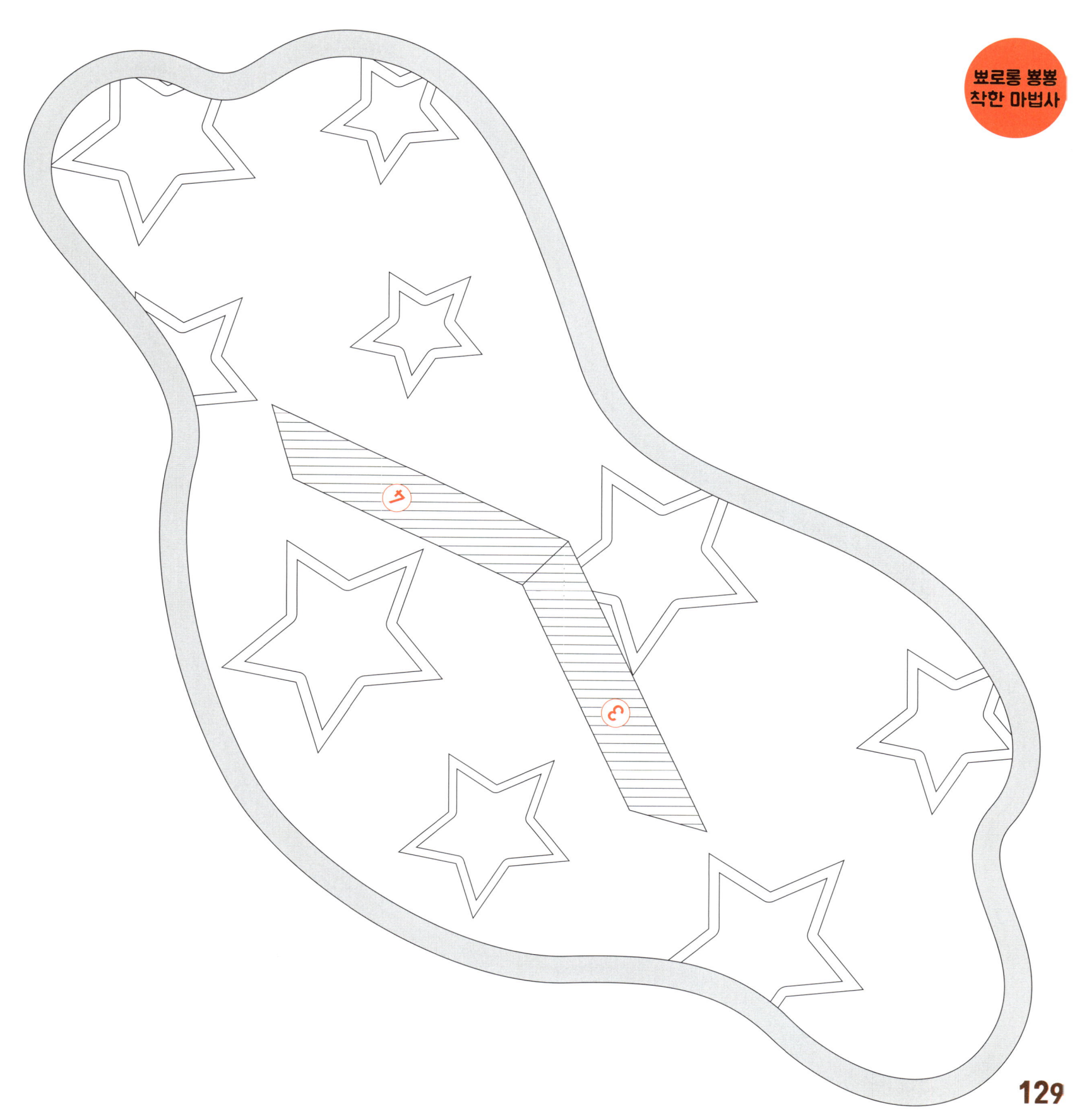

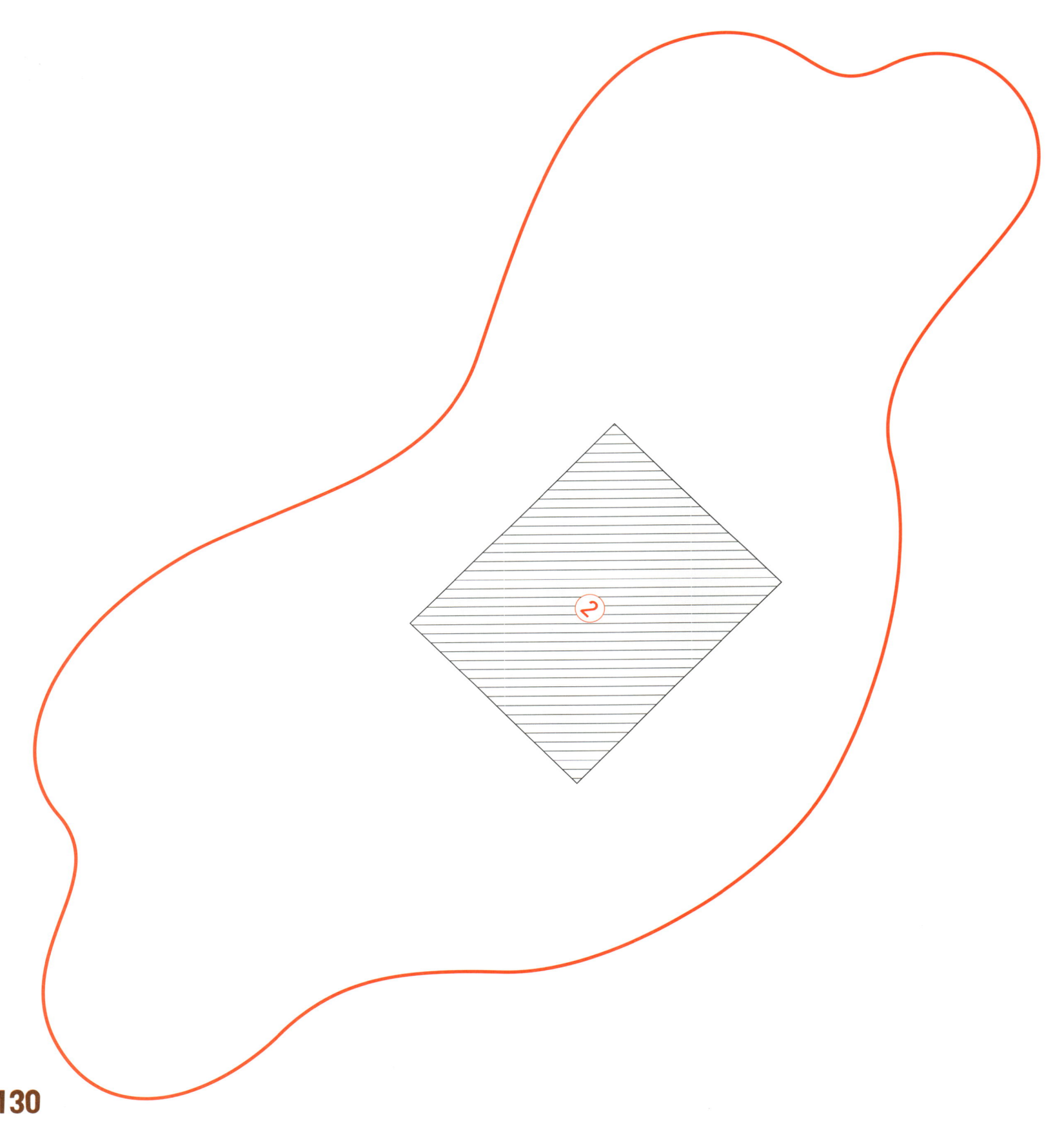

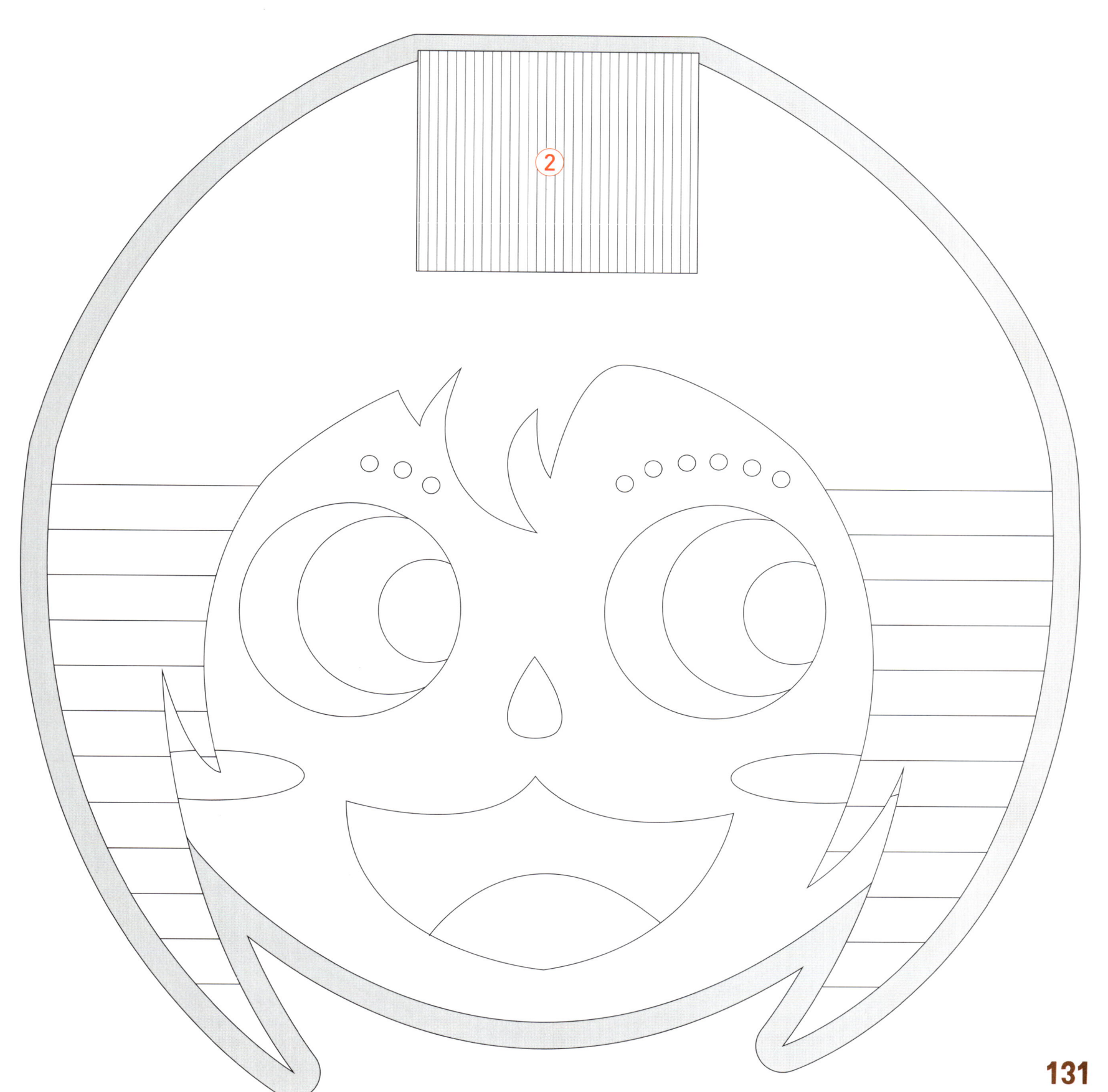

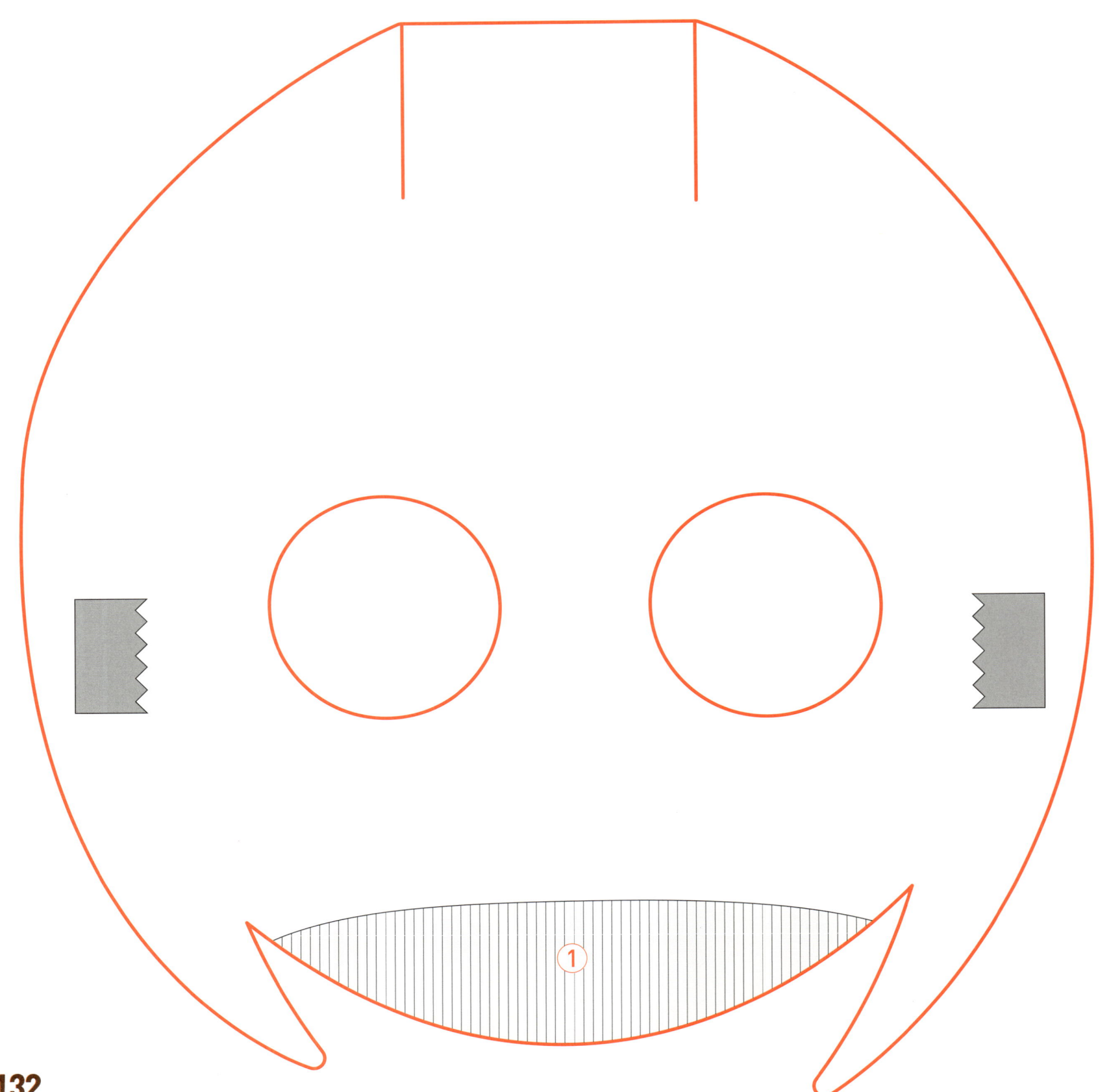

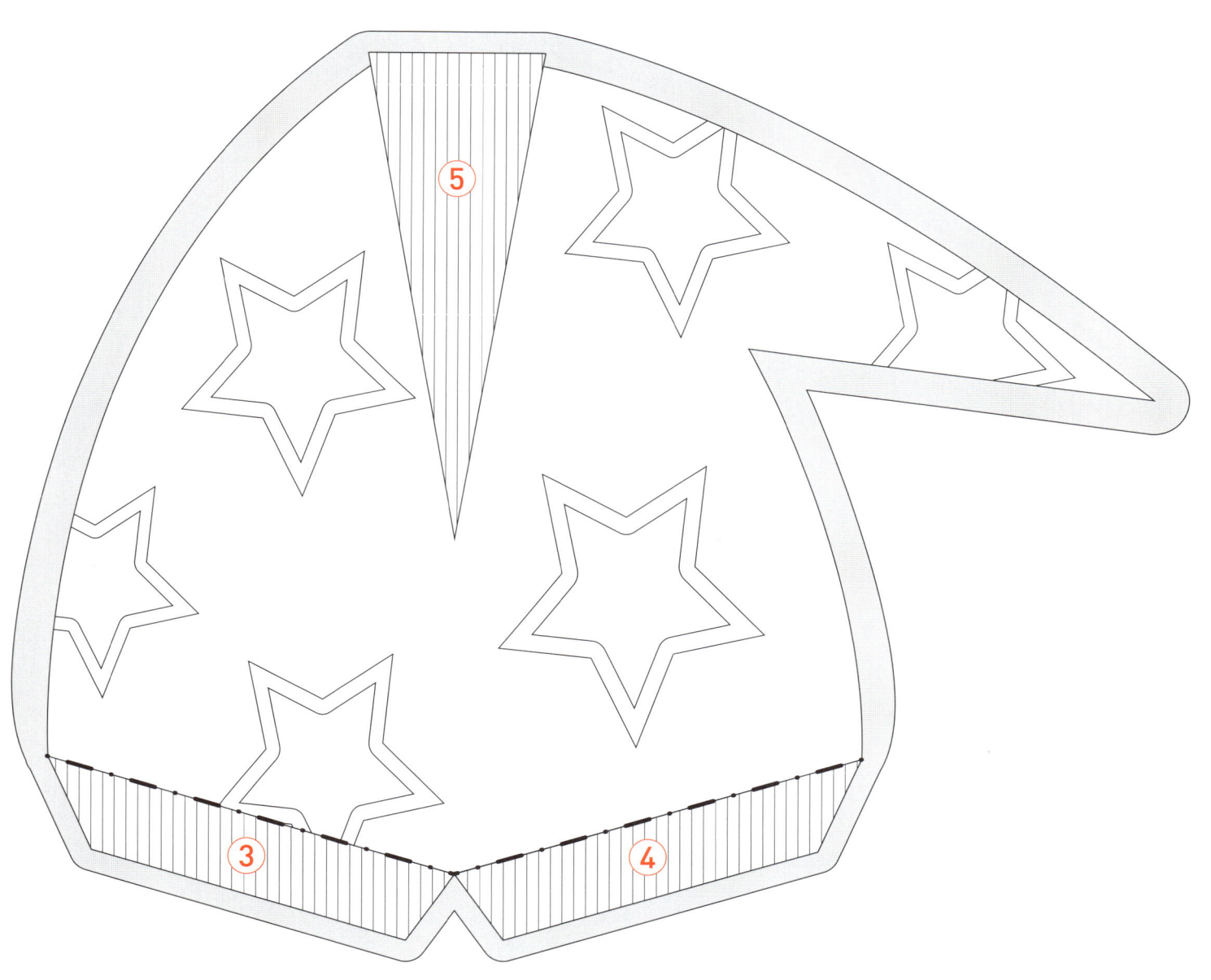

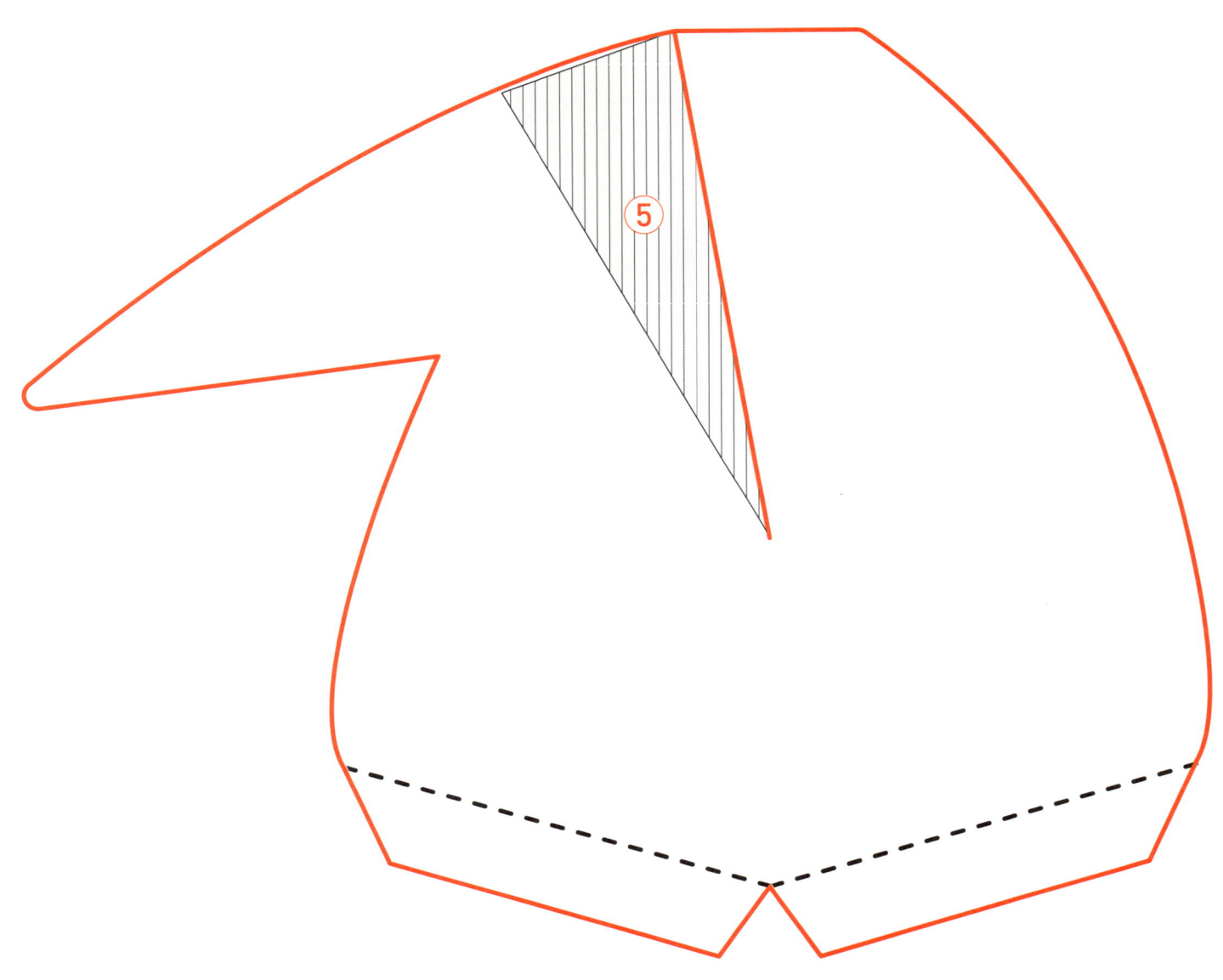

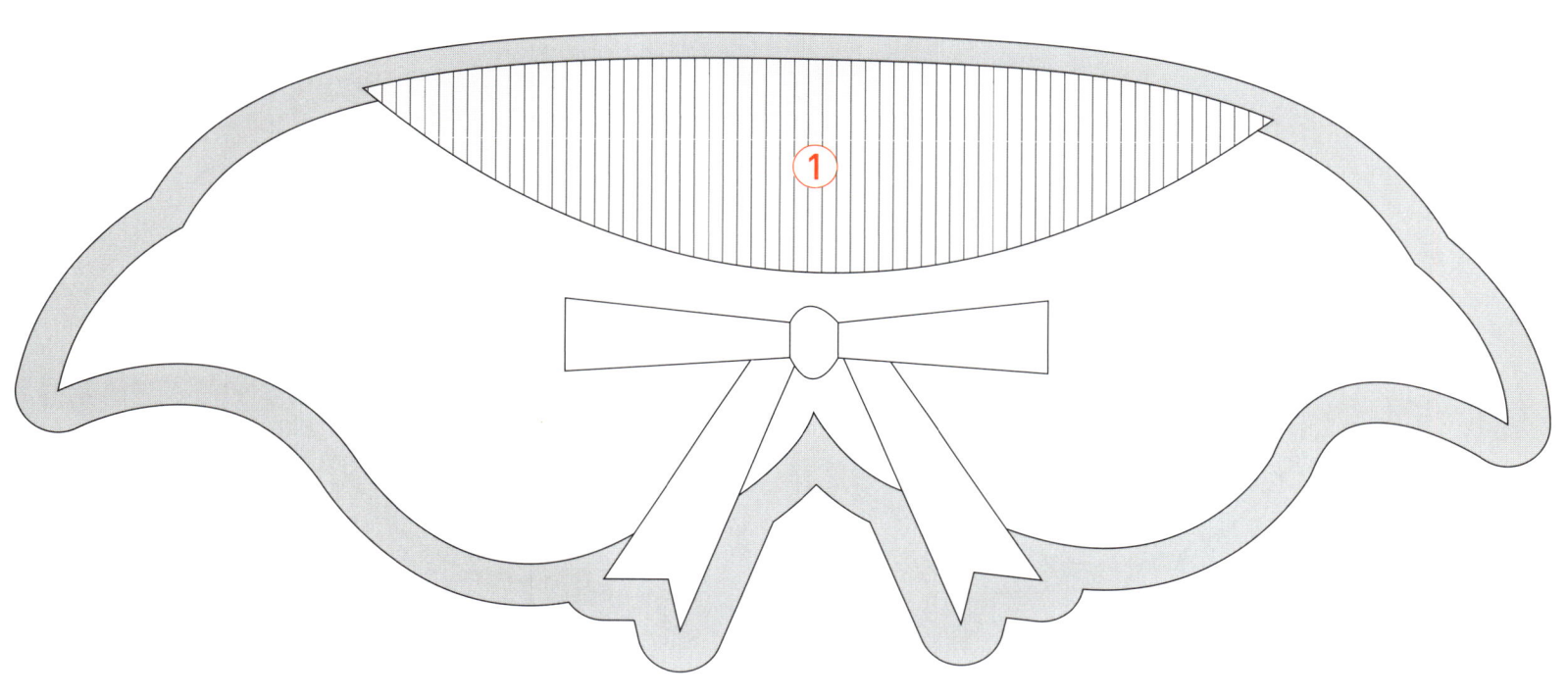

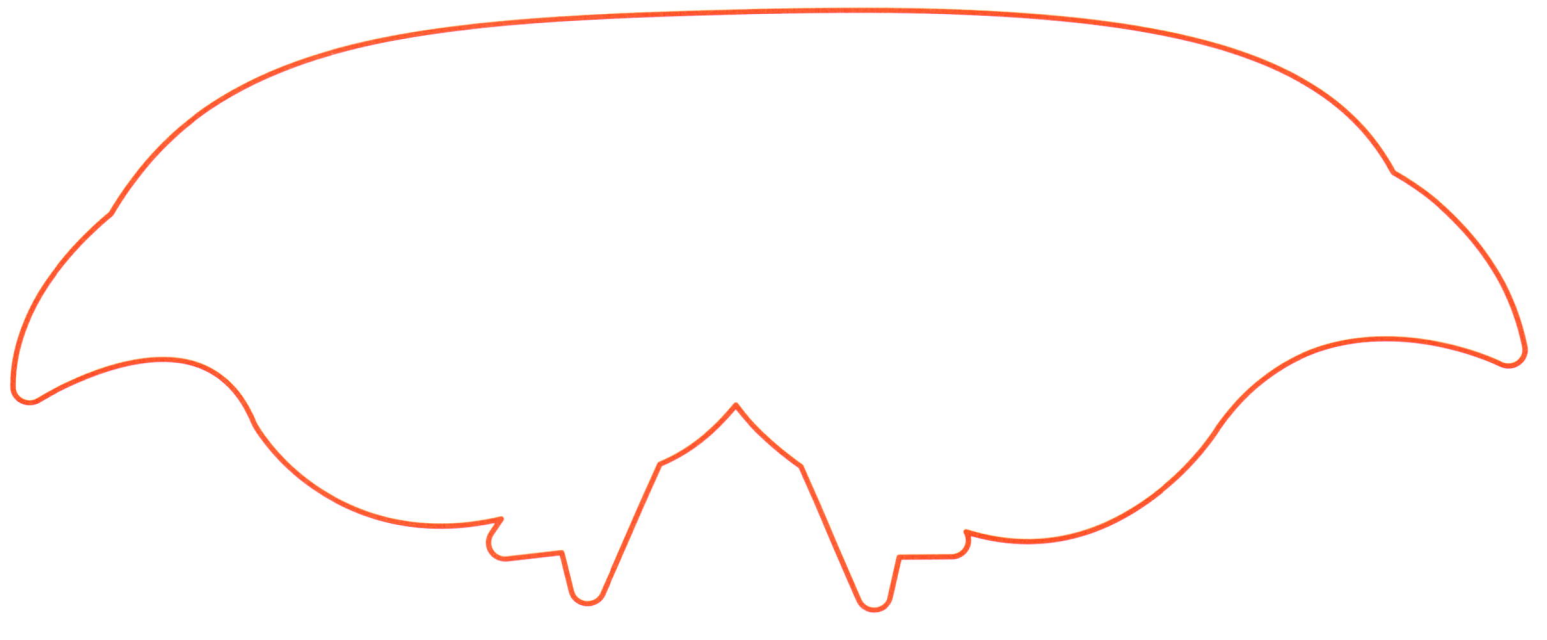

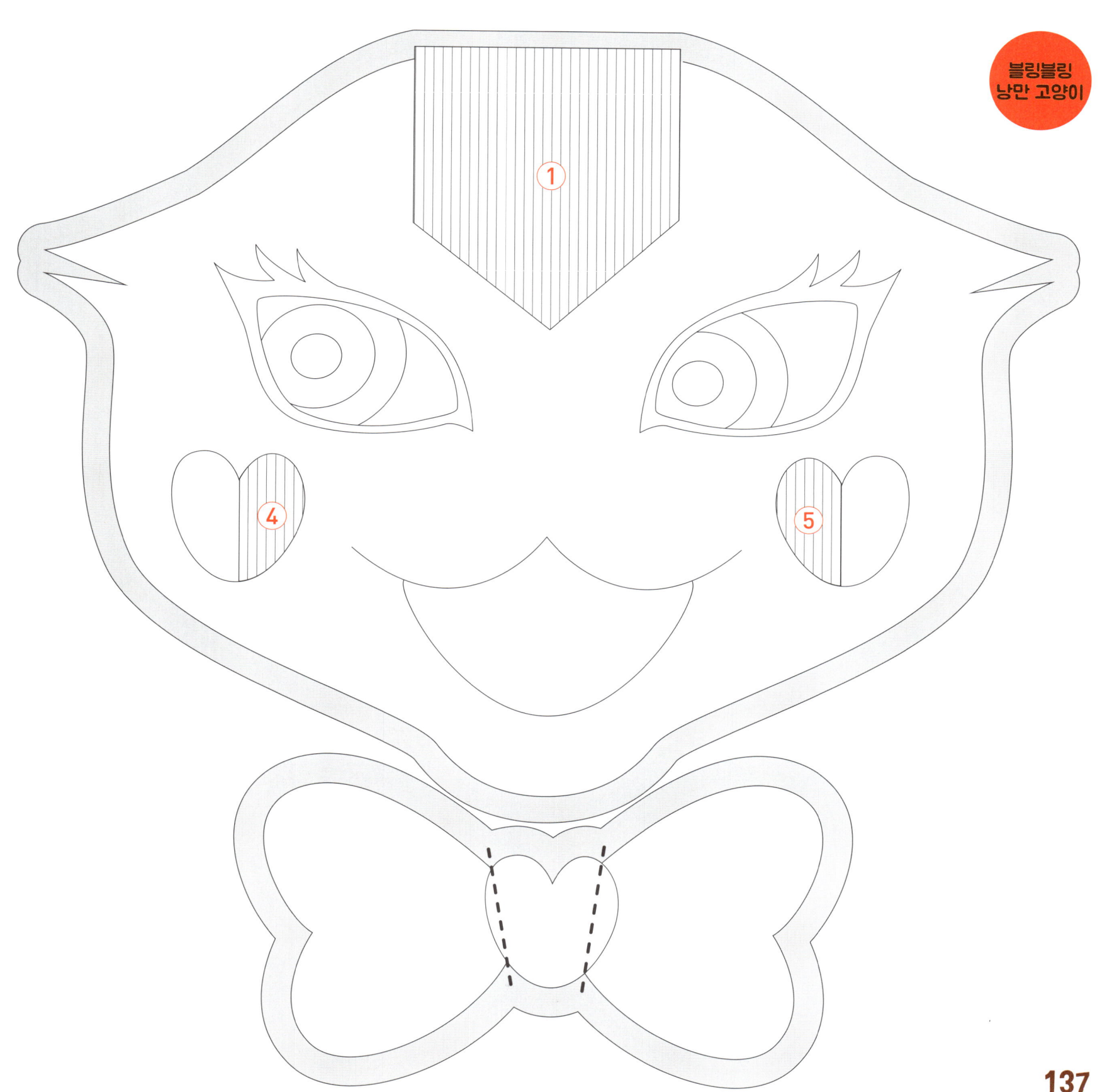

블링블링
낭만 고양이

1

4

5

137

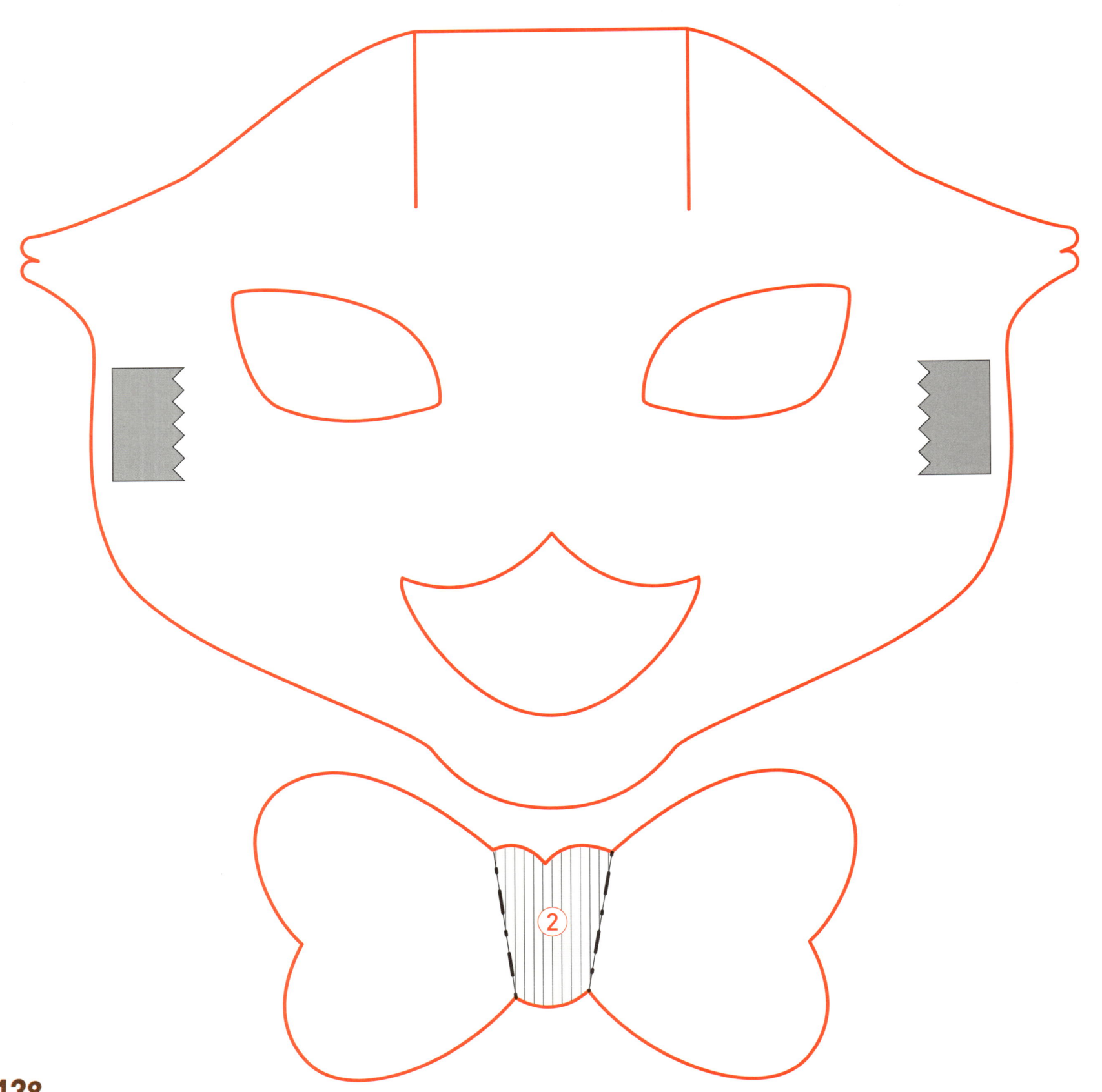

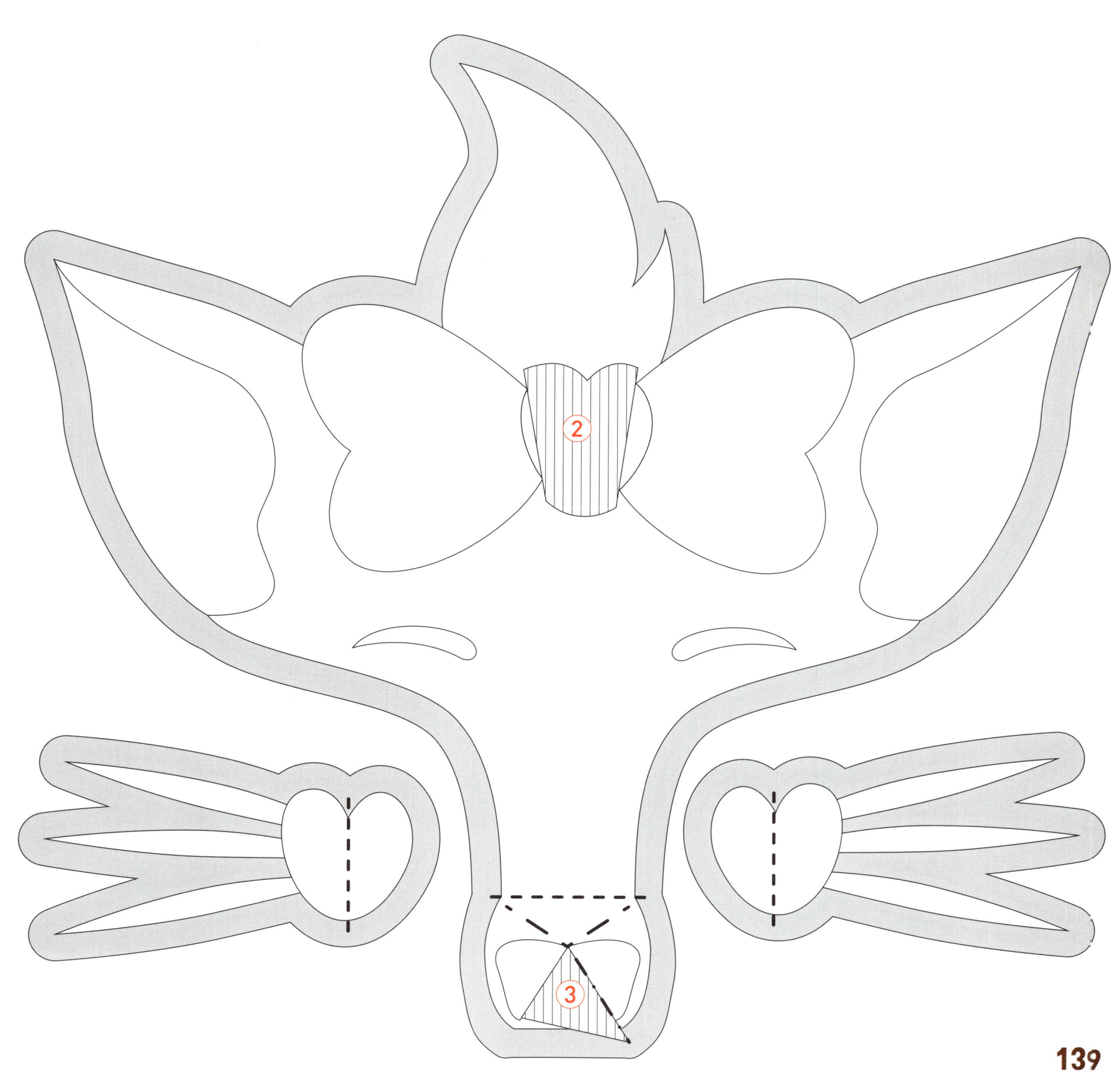

2

3

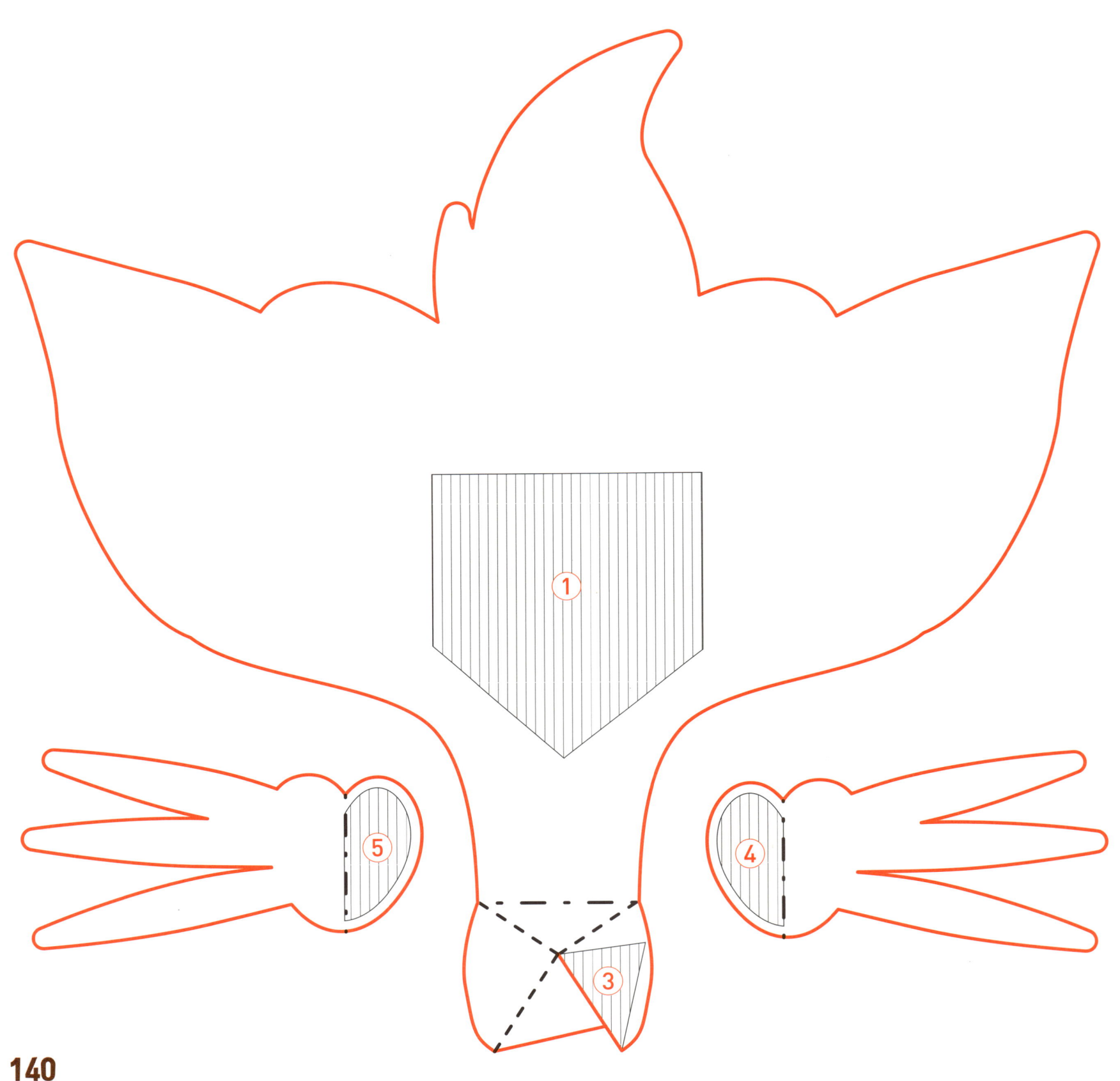

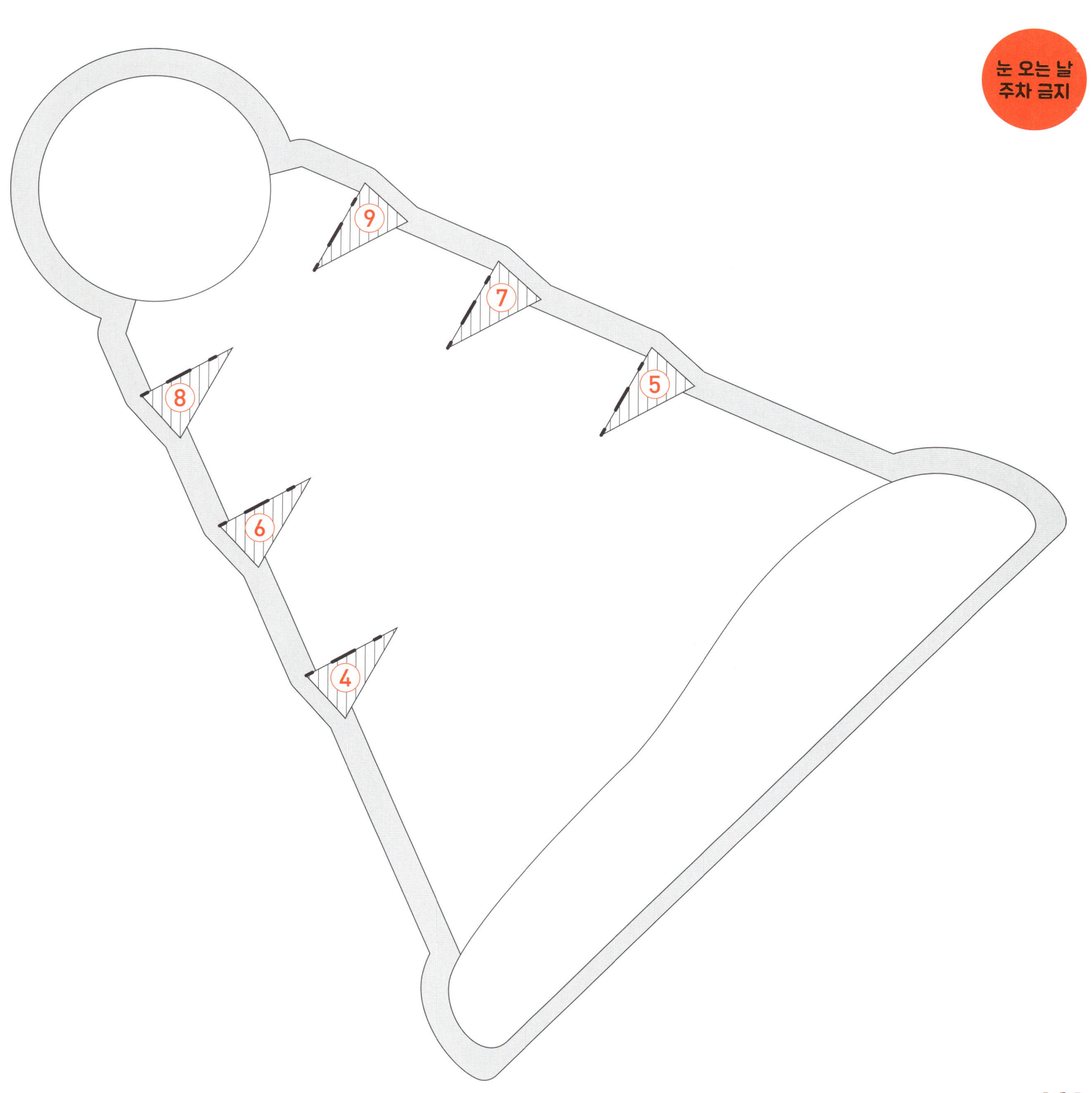

눈 오는 날
주차 금지

141

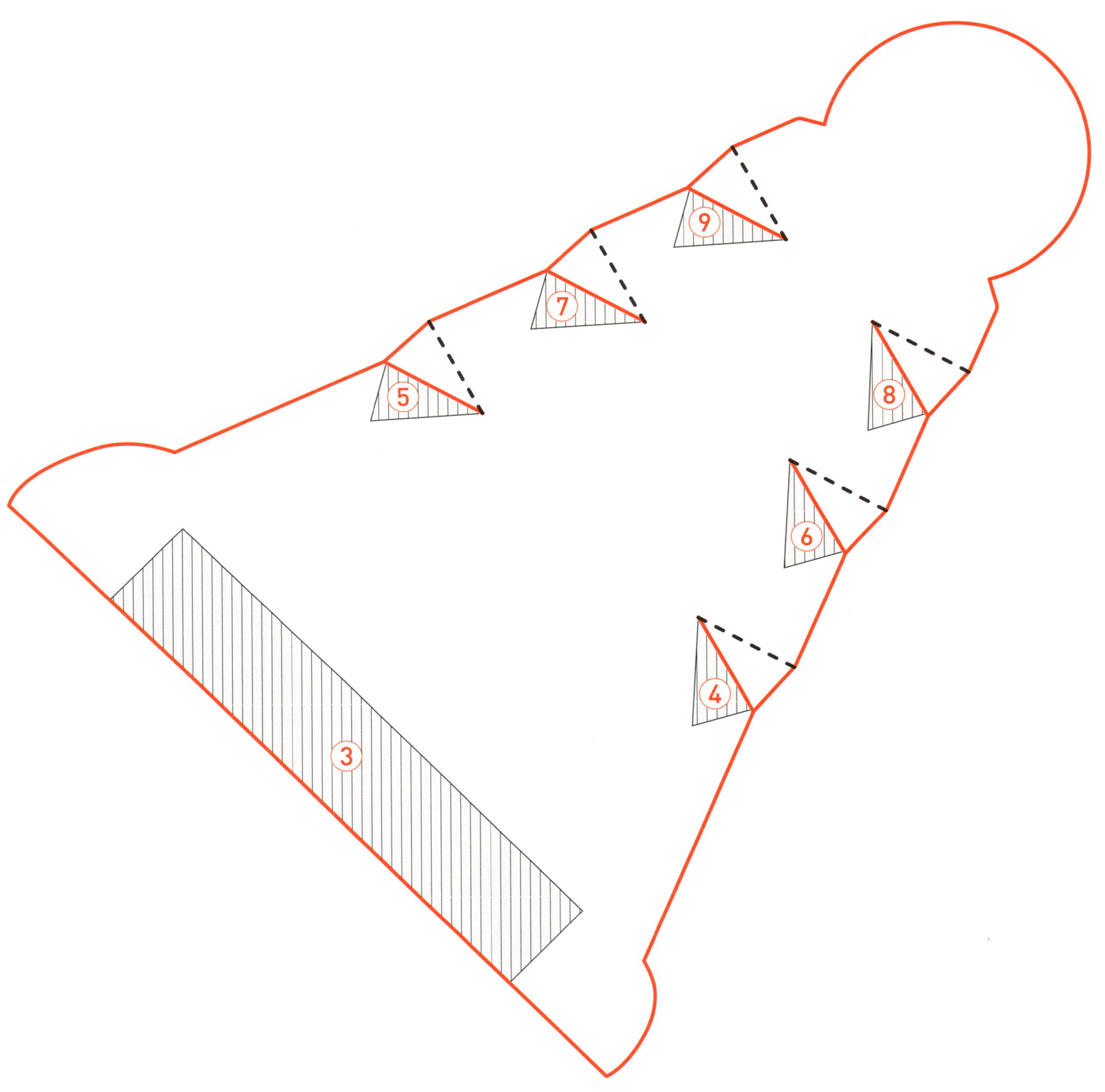

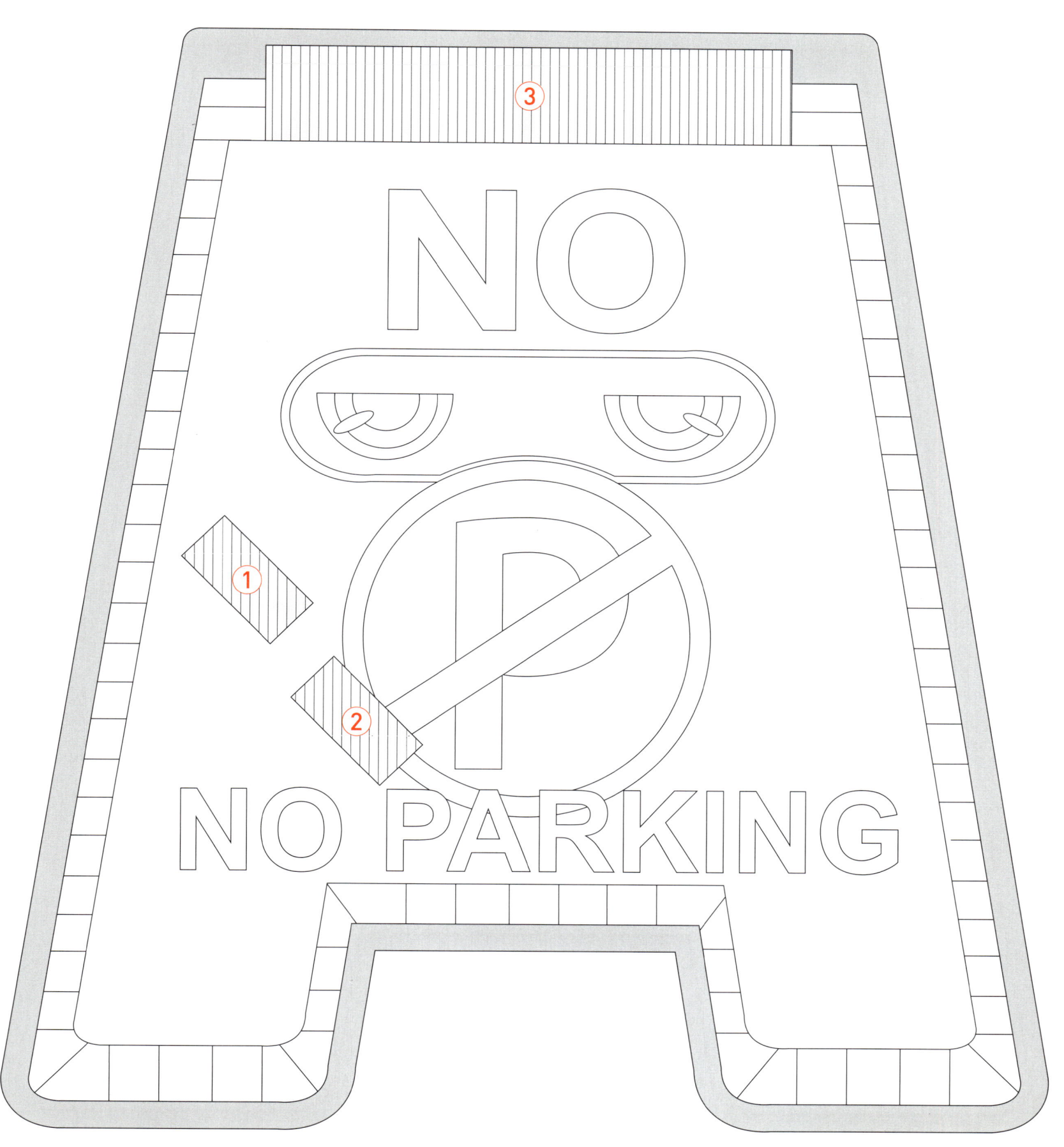

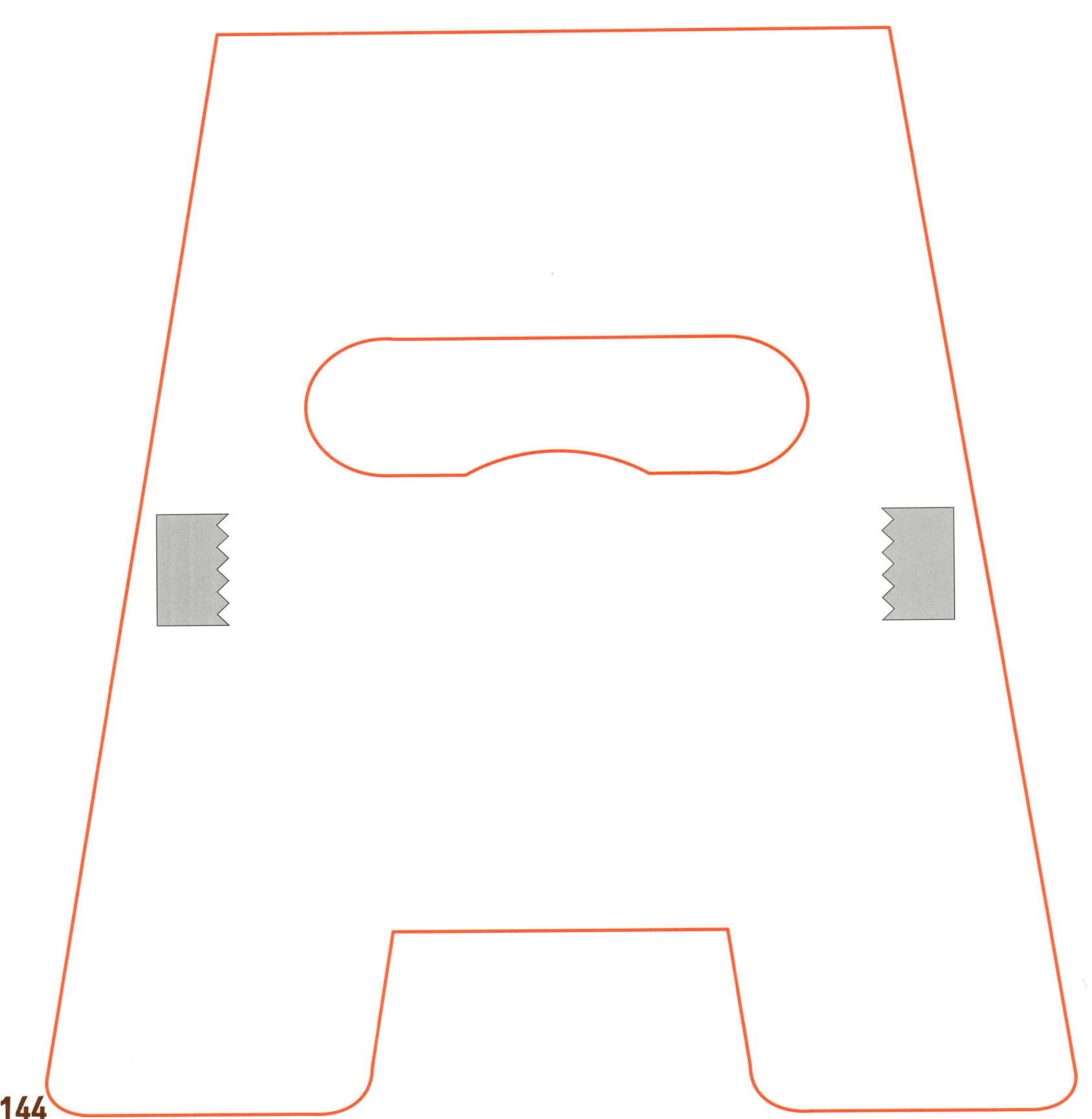

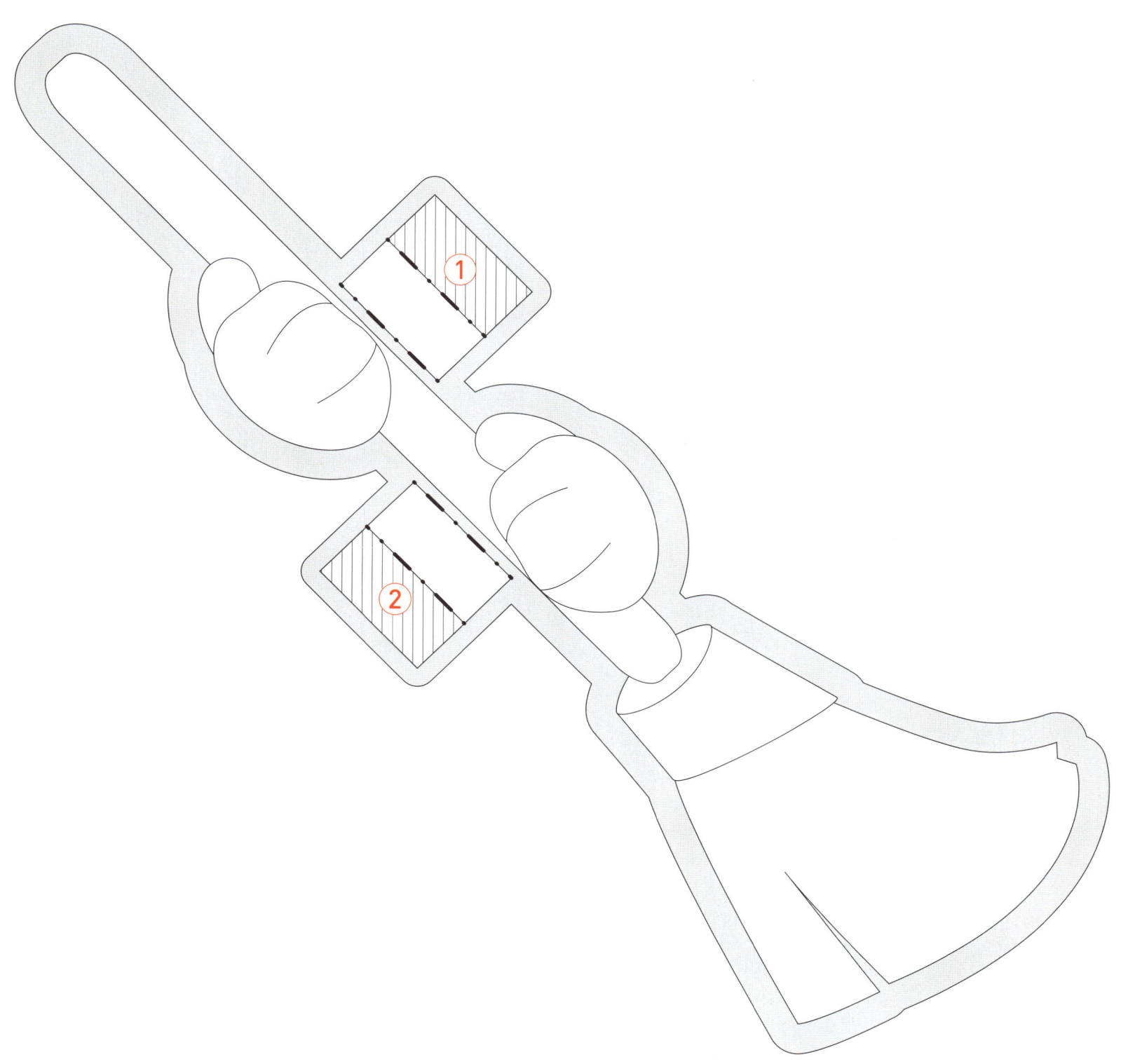

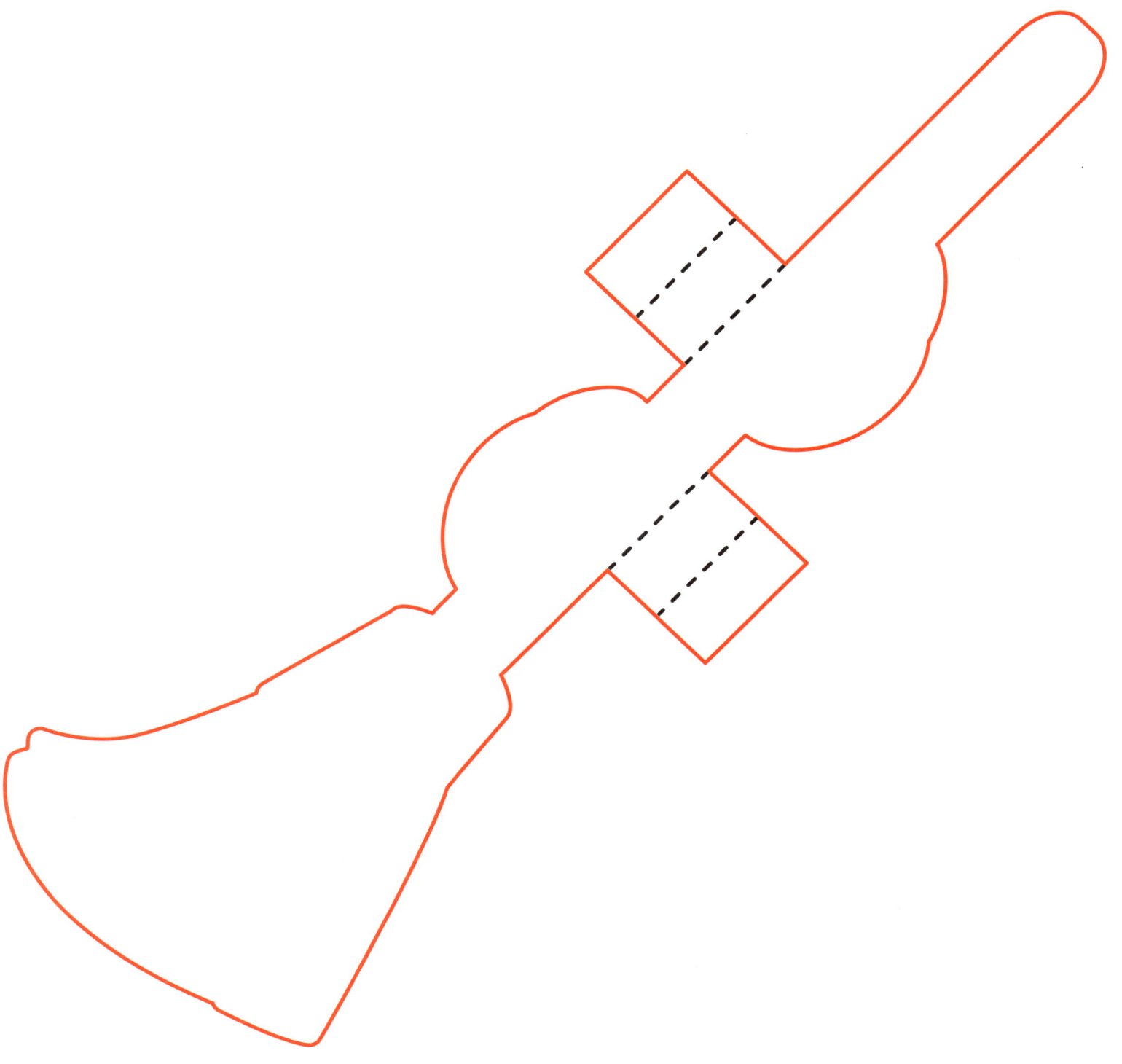

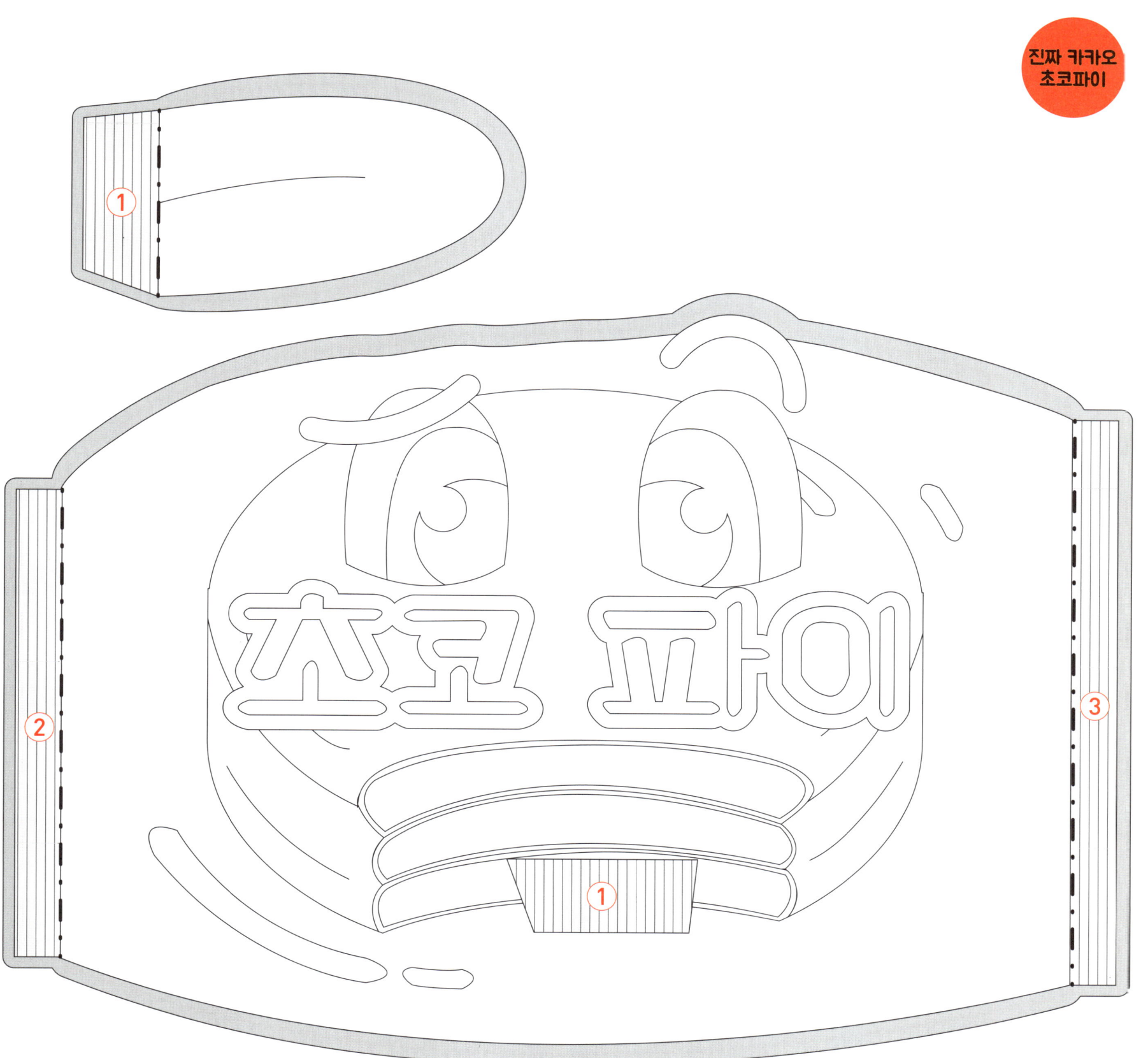

진짜 카카오
초코파이

147

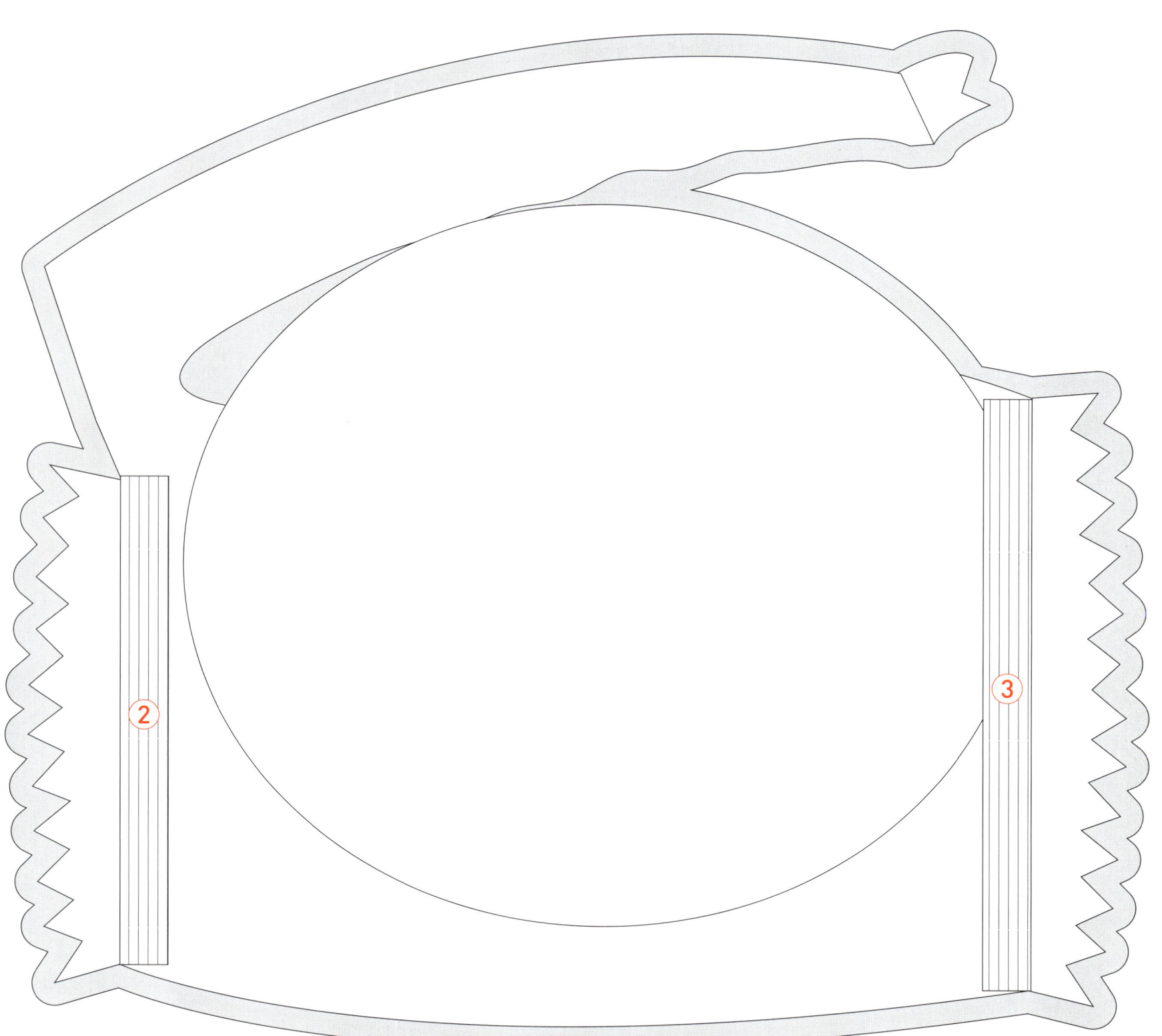

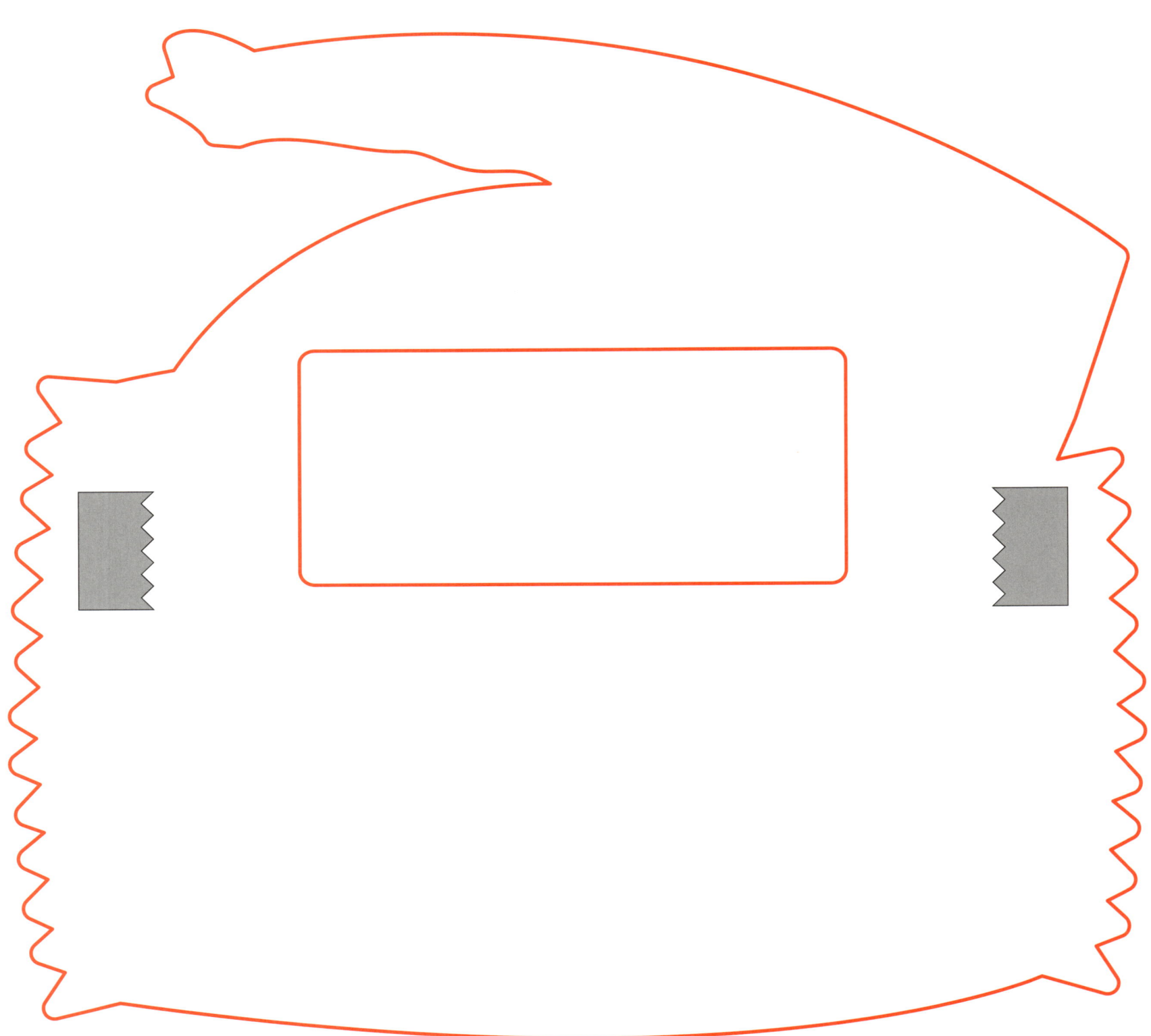

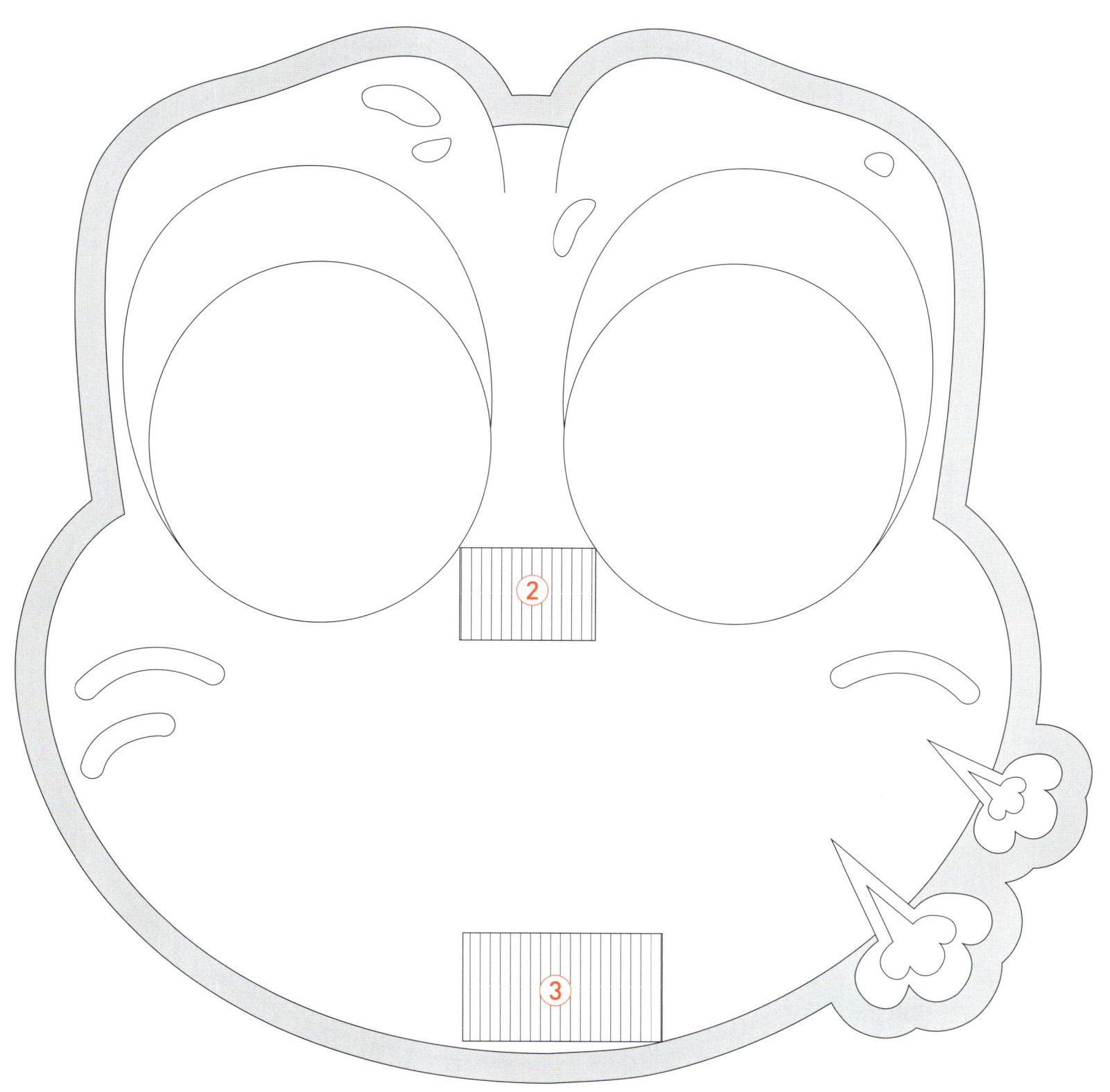

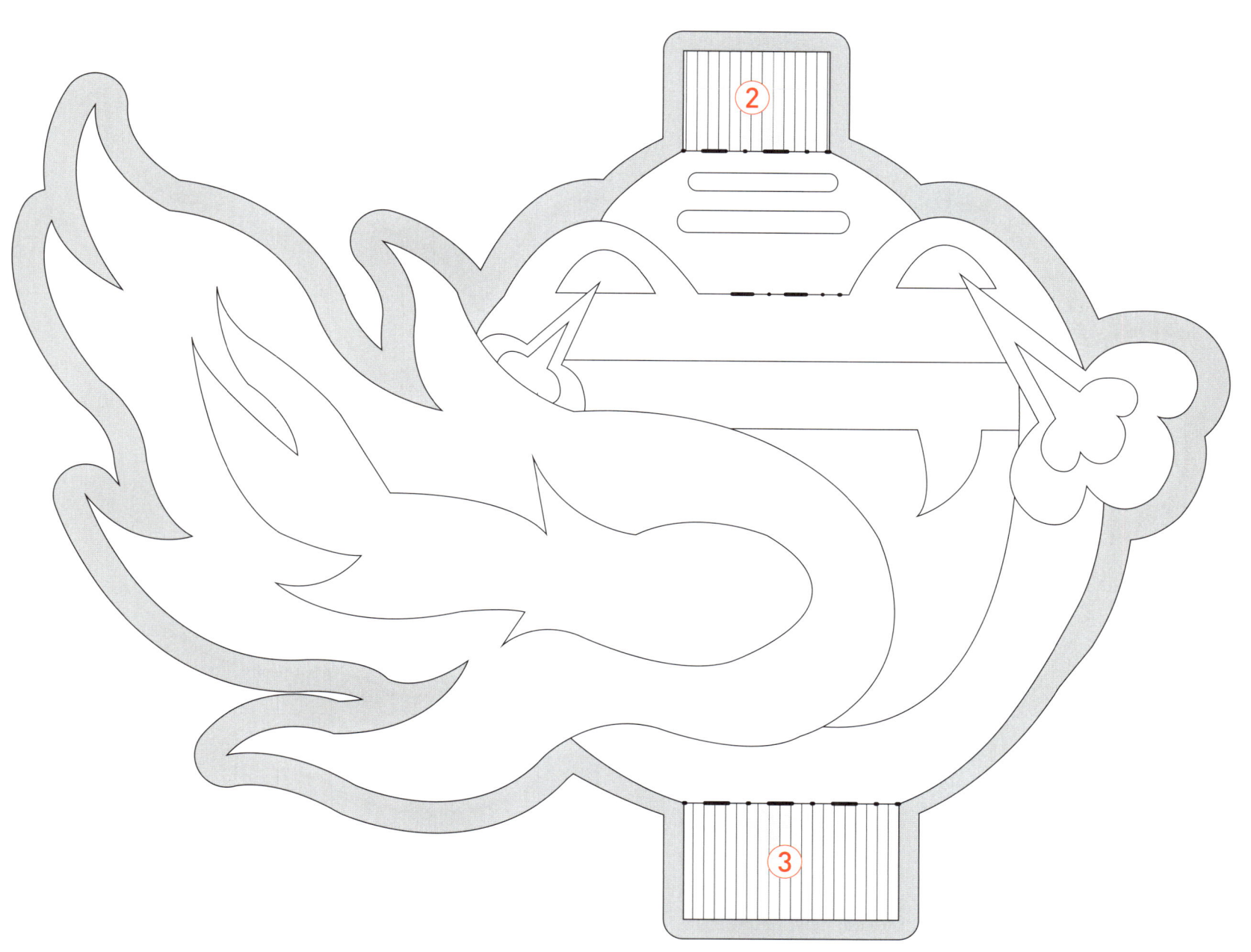

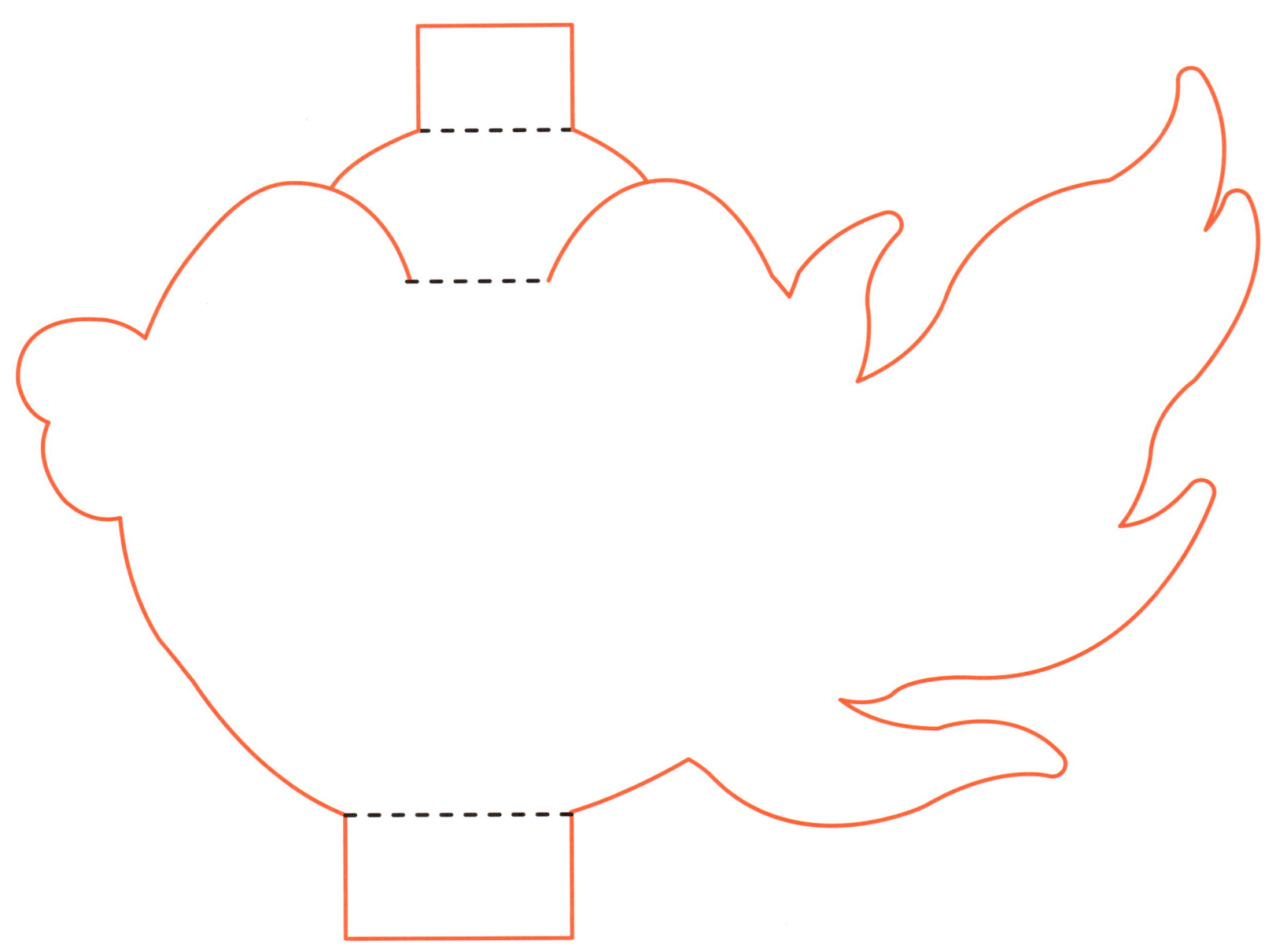

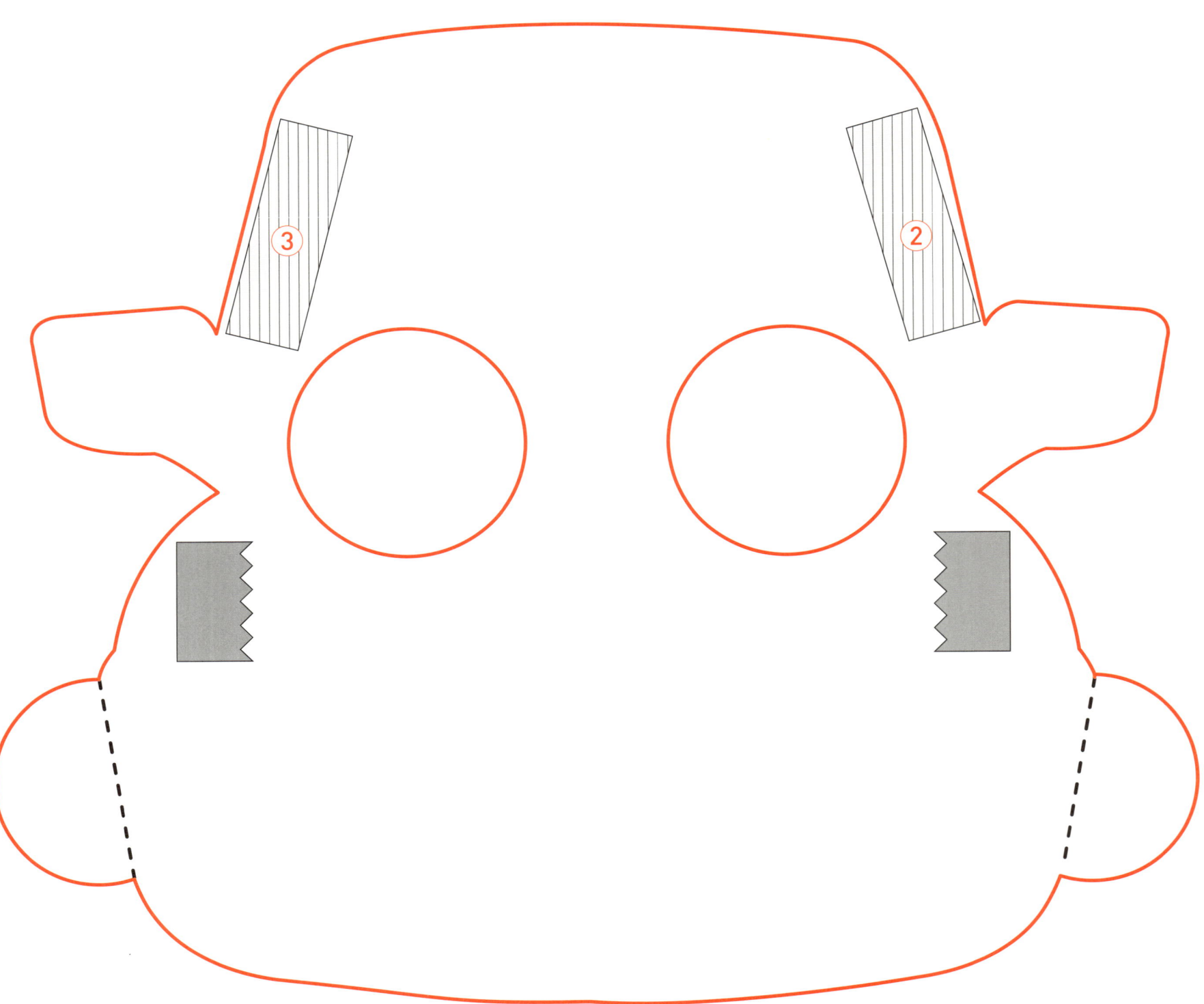

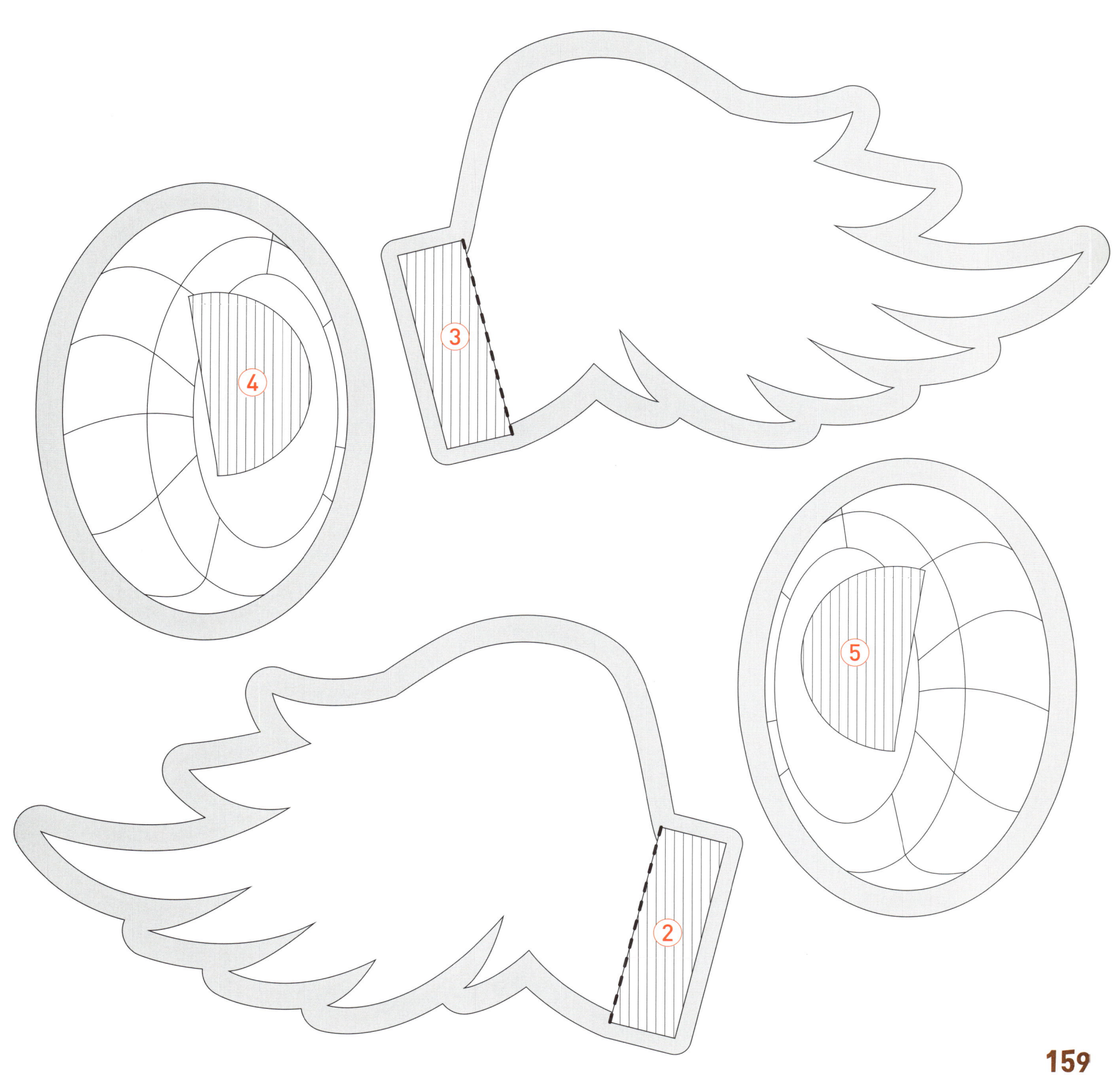

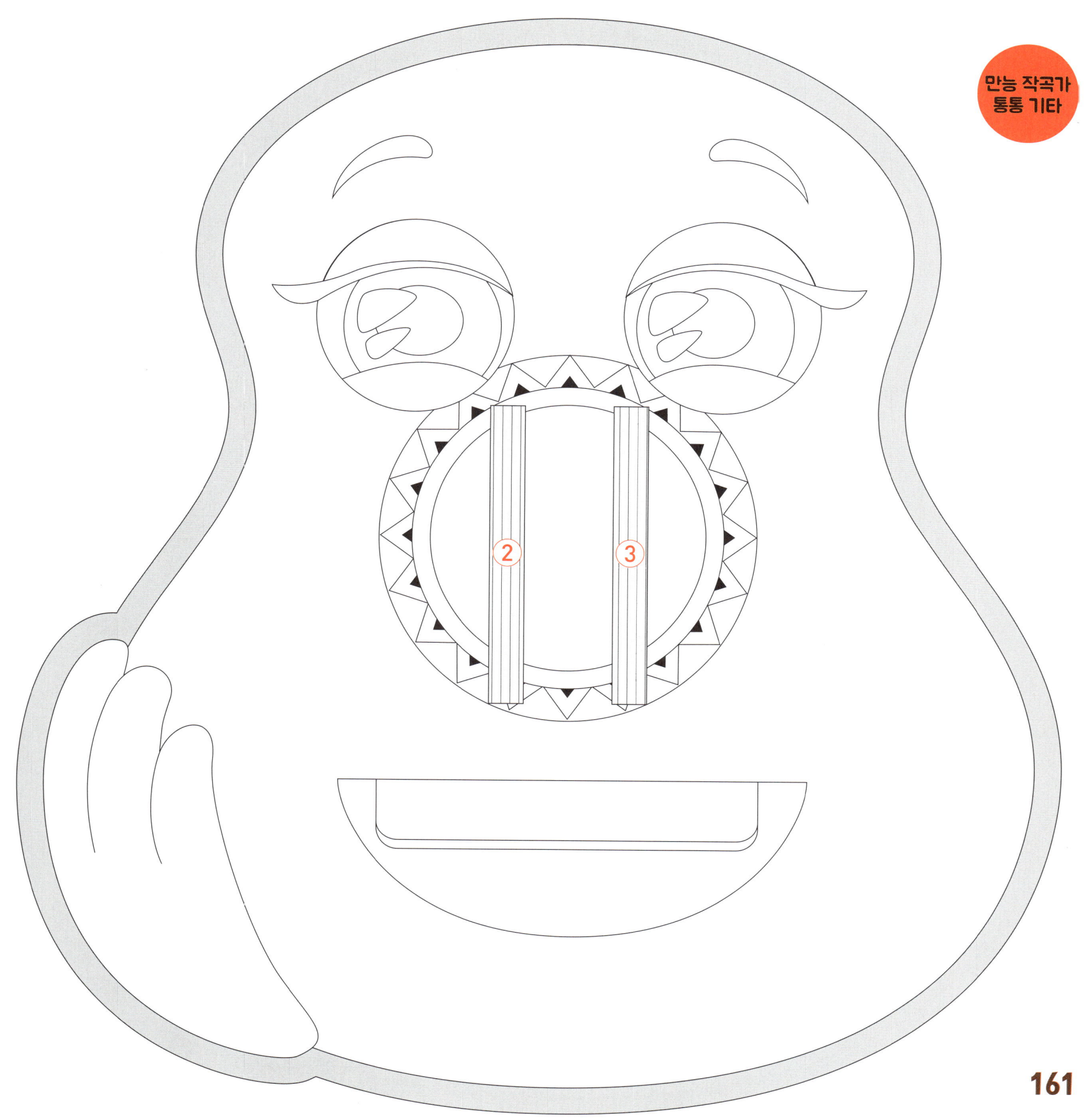

만능 작곡가
통통 기타

161

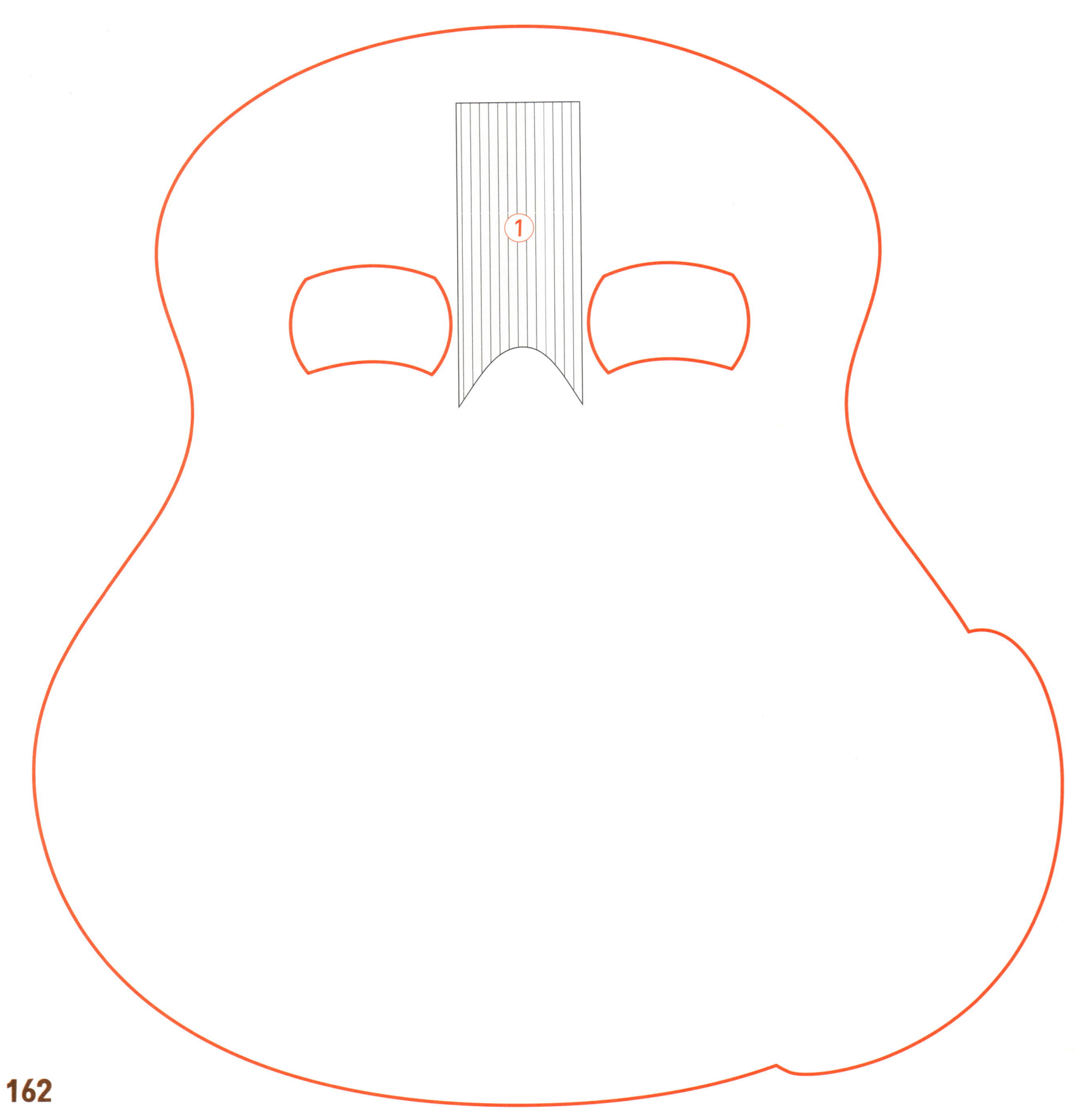

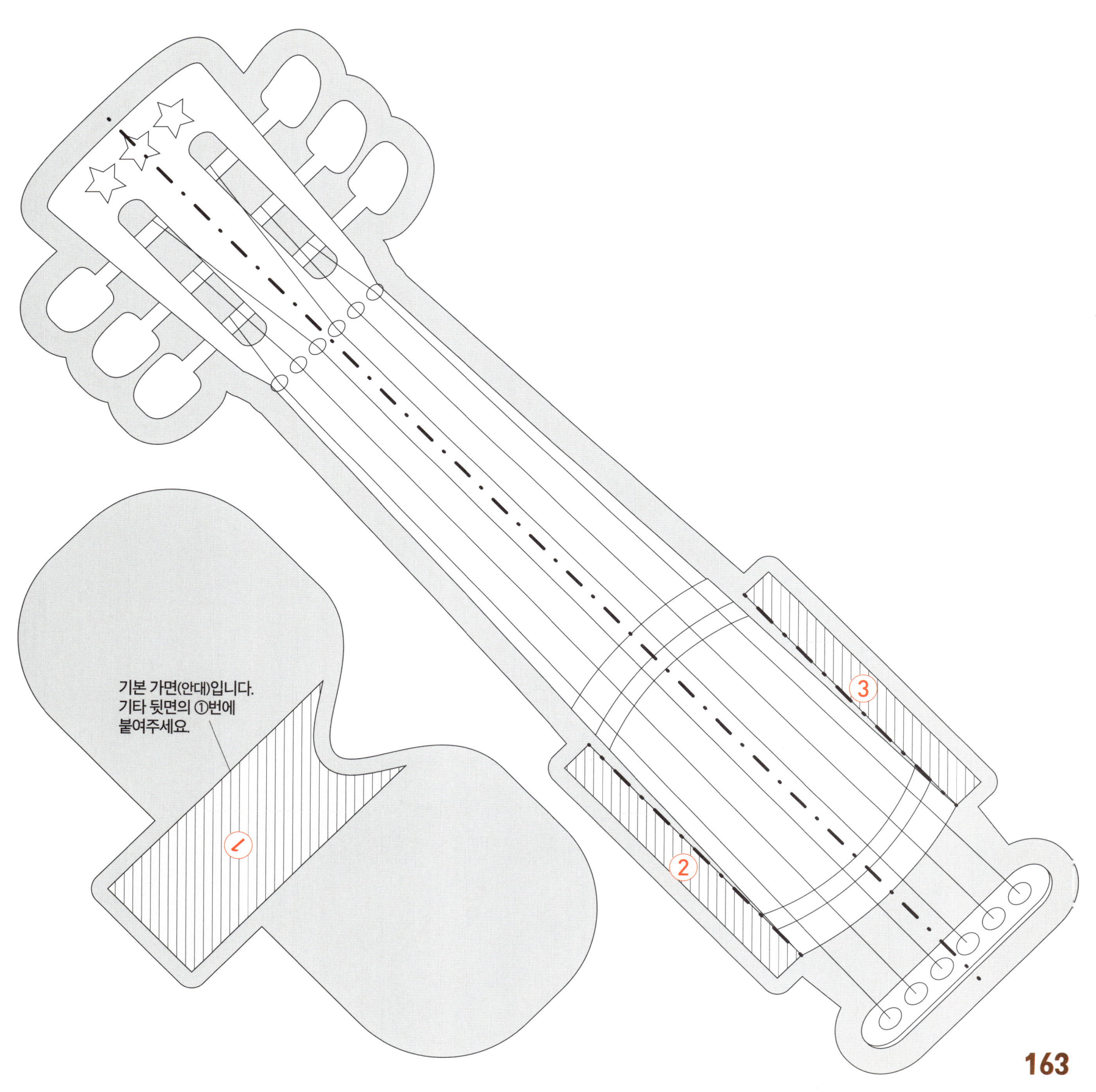

기본 가면(안대)입니다.
기타 뒷면의 ①번에
붙여주세요.

① ② ③

163

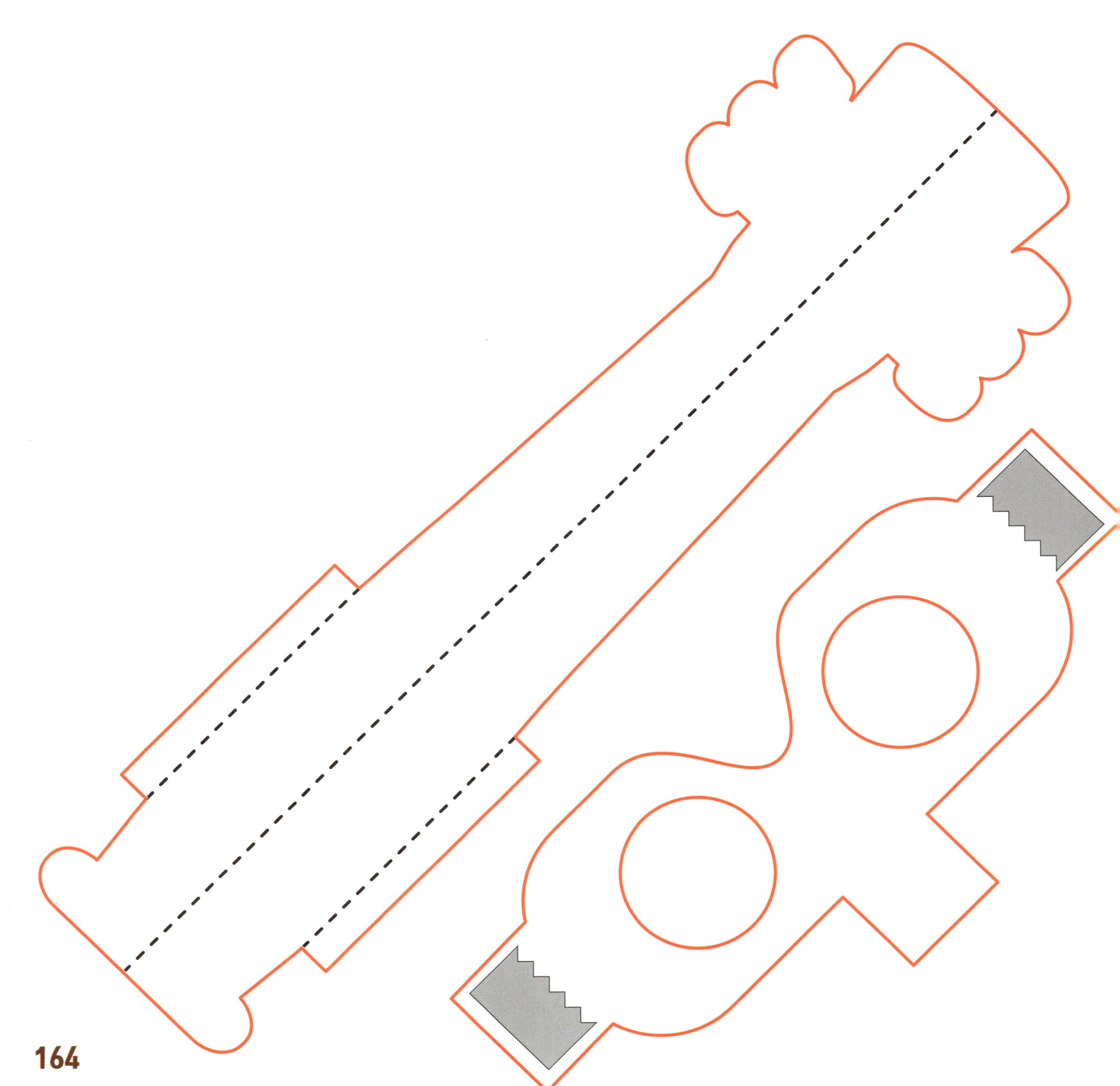